墨子

全译

（下册）

孙以楷 甄长松 译注

卷 十

经上 第四十

【原 文】

故,所得而后成也。止,以久也。
体,分于兼也。
必,不已也。
知,材也。
平,同高也。
虑,求也。

同长，以缶相尽也。知，接也。

中，同长也。

恕[1]，明也。

厚，有所大也。

仁，体爱也。

日中，缶南也。

义，利也。

直，参也。

礼，敬也。

圆，一中同长也。

行，为也。

方，柱隅四欢也[2]。实，荣也。

倍，为二也。

忠，以为利而强低也。

端[3]，体之无序而最前者也。孝，利亲也。

有间，中也。

信，言合于意也。

间，不及旁也。

佴[4]，自作也。

纑[5]，间虚也。

䚻，作嗛也。

盈，莫不有也。

廉，作非也。

坚白，不相外也。

令，不为所作也。

撄[6]，相得也。

任[7]，士损己而益所为也。

似[8]，有以相撄，有不相撄也。

勇，志之所以敢也。

次，无间而不撄撄也[9]。

力，刑之所以奋也。

法，所若而然也。

生[10]，刑与知处也。

佴[11]，所然也。

卧，知无知也。

说，所以明也。

梦，卧而以为然也。

攸[12]，不、可，两不可也[13]。

平，知无欲恶也。

辩，争彼也。辩胜，当也。

利，所得而喜也。

为，穷知而悬于欲也。

害，所得而恶也。

已，成、亡。

治，求得也。

使，谓、故。

誉，明美也。

名，达、类、私。

诽[14]，明恶也。

谓，移、举、加[15]。

举[16]，拟实也。

知[17]，闻、说、亲、名、实、合、为。

言，出举也。

闻，传、亲。

且，言然也。

见，体、尽。

君，臣、萌通约也。

合，正、宜、必。

功，利名也[18]。

[正]，欲正，权利；（且）恶正，权害[19]。赏，上报下之功也。

为，存、亡、易、荡、治、化。罪，犯禁也。

同，重、体、合、类。

罚，上报下之罪也。

异，二、不体、不合、不类。

同，异而俱于之一也。

同，异交得放有无。

久[20]，弥异时也。

宇[21]，弥异所也。

闻，耳之聪也。

穷，或有前不容尺也。

循所闻而得其意，心之察也。

尽，莫不然也。

言，口之利也。

始[22]，当时也。

执所言而意得见，心之辩也。

化，征易也。

诺，不一利用。

损，偏去也。

服[23]，执、誽[24]。（音利）

巧转则求其故。

（大）益[25]，〔言利大〕

儇，秪秖。

法同，则观其同。

库，易也[26]。

法异，则观其宜。

动，或从也[27]。

止，因以别道。

（读此书旁行）[28]

舌，无非。

【注释】

[1] 恕，理智。

[2] 四欢，欢，借作"权"，正也。

[3] 端，端点。

[4] "佴"，当作"狂"，谭介甫说。

[5] 纑，"栌"的假借字，指两木间的无木处。

[6] 撄，互相交融的意思。

[7] 任，任侠。

[8] "似"当作"仳"，形近而误。

[9] "撄撄"当作"相撄"。

[10] 生，生命。

[11] 佴，贰也。佴次为副贰。次贰有顺、符合意。

[12] "攸"，当作"彼"。

[13] "两不"当作"不两"，从谭戒甫校正。

[14] 诽，谴责。

[15] 据《经说上》，"移"当作"命"。

[16] 举，拟举。

[17] 知，知识。

[18] "名"当作"民"。

[19] 经首"舌"字误为'且'，倒放在二句中"恶正"上，

当删，并补经首"舌"字。（梁启超说）。
[20] 久，时间。
[21] 宇，空间。
[22] 始，开始。
[23] 服，指说服。
[24] 执，固执的意思。說，伺机的意思。
[25] 大益，当作"益，言利大"。（徒谭戒甫说）"言利"误为"音利"窜入"执說"下，当校改。
[26] 库，借用为"窟"；易，"晹"的省文，《说文》："晹，日覆云暂见也。"
[27] 从，当作"徙"。
[28] "读此书旁行"五字为后人校书者附记篇末，传写者误羼入正文，又移于"舌无非"三字之上。

【译文】

故（原因），是指必须得到它然后才能形成事物或现象的条件。

止，指物体在时间上有停顿。

体，是从全体中分出来的部分。

必（必然），是必定如此，不会亡失。

知，是人们感知对象的才能。

平，是说高度相同。

虑，是谋求认识对象的一种心理活动。

同长，是说等距离的两条直线长度相等。

知，是人的感知能力接触对象取得的认识。

中（圆心），是说此点距圆周上各点长度相等。

恕，是辨明事物道理的能力。

厚，是指物体有所积。

仁，是具体（相对于兼）的爱。

日中，太阳运行的中点，在天顶的正南。

义，就是利人。

直，是指三点如同参宿三星在一线上。

礼，就是恭敬待人。

圆（圜），一个圆心，所有半径长度相等。

行，就是人的作为。

方，是边和角都是四正之形。

实，是可以荣显于外表的。

倍，就是一个数自加为二。

忠，只要认为是利人的事，就俯首埋头，努力去做。

端，是指剖析物体到了最后而又是最前的一点。

孝，就是为父母谋利益。

有间，指物体之中的间隙。

信，指嘴上说的与心意相符合。

间，是不涉及两旁的。

（佴）〔狂〕，是指人凡事都自以为是。

纑，是两物相合之处的虚线。

诮，所作所为只图自己快意。

盈，指处处无不充满。

廉，指检点自己作为的过错。

坚白，不是互相排斥的。

令，不是为已经做成的事，而是为了将要做成的事而发。

撄，是说彼此相融洽。

任，良士宁损自己，也要有益于自己所从事的事业。

仳（比较长短），有融合在一起的比较，也有不融合在一起的比较。

勇，是意志之所以敢作敢为的原因。

次（顺次排列），指没有间隔而又不相融合。

力，是物体运动状态发生变化的原因。

法，只有遵循它才是正确的。

生，是形体和认知能力的统一。

佴，是符合法的不成文法。

卧，是人的感知能力不感知对象时的状态。

说，即说明论点的根据、理由。

梦，是人在睡卧中自以为在感知对象的状态。

彼，"彼"分不、可二面，如果说彼既可又不可，那是不可以的。

平，认知中不杂偏好与厌恶欲念。

辩，是争论那件事的是非。争辩一方取胜，是由于理由恰当。

利，是得到它而使人喜悦的。

为（行为），如果智力穷竭就会受制于嗜欲。

害，是得到它而使人厌恶的。

已，分已成、已亡两种情况。

治，追求的目标达到了。

使，分"使为""致使"两种。

誉，是彰明美好的德行。

名（名称），分达名、类名、私名。

诽，是让邪恶曝光。

谓，分移、举、加三种形式。

举，是用名称来拟诸实体。

知，分闻知、说知、亲知三种情况，以及名、实、合、为四要素。

言，是用语言表示名。

闻，分为传闻、亲闻两种。

且，是说"且然"这个词。

见，分为体见（片面认识）和尽见（全面认识）两种情况。君，是由臣、民共同约定而置立的。

合，分正合、宜合、必合三种情况。

功，是要有利于人民的。

〔正〕，所欲是正当的，即可权衡利益；所恶是正当的，即可权衡害处。

赏，是上级酬报下级的功劳。

为（变化），分存、亡、易、荡、治、化六种情况。

罪，是触犯禁令的行为。

同，分为重同、体同、合同、类同四种。

罚，是上级惩处下级的罪过。

异，分为"二之异""不体之异""不合之异""不类之异"四种。

同，相同的事物和不同的事物，都可以集中于一个共同的因素上。

同与异在交融统一中得到表现，同异交得的关系仿照有无统一的关系。

久，周遍各种不同的时间。

宇，周遍各种不同的处所。

闻，是耳的聪明。

穷，是指该区域之外不能再容纳任何尺度。

顺循着所听到的而能把握到话中的真意，是心灵敏察的结果。

尽，指事物没有不是这样的。

言谈，是口所具有的便利。

始，是正碰着的最初时刻。

凭借自己的言辞而能将自己的意思表现出来，这是心官能明辨的缘故。

化，指事物的特征发生变易。

诺（回答问题），不能只用一种方式。

损,指偏去了整体中的一部分。

服,分执服、说服两种。

如果偷换概念,就要寻求是如何偷换的。

益,是说扩大受利。

圆环上任何一点都有根柢。

法则相同,就要观察是怎样相同的。

窟孔可以射进日光,如同日从云隙中射出光线。

法则不同,就要观察是怎样不同的。

运动,是说物体的迁移。

止,是用不同的事例证明不同于此的道理。

凡是正确的论断,就无法非议。

经下 第四十一

【原文】

止[1],类以行人[2],说在同。

【注释】

[1] 止,《经说下》:"止,彼以此其然也,说是其然也;我以此其不然也,疑是其然也。"止,具有言辞相执拒的

意思。

[2]"人"当作"之"。

【译文】

止,可以在同类事物中进行推论,因为只有物类相同才有推论的基础。

【原文】

所存与者[1],于存与孰存?驷异说。

【注释】

[1]"与"下脱"存"字。

【译文】

所存居所与所存居所的人,居所存在何地与谁在所存居所中,有四种不同说法。

【原文】

推类之难。说在之大小[1]。

【注 释】

[1]"在"下脱"名"字。

【译 文】

推论物类是困难的,因为名称(概念)有大小之分。

【原 文】

五行毋常胜。说在宜。

【译 文】

五行之间并不恒常存在互相克制的关系,关键在于条件的相宜。

【原 文】

物尽同名:二与斗、爱[1]、食与招、白与视,丽与[2]、夫与履。

【注 释】

[1]"爱"上脱"子与"二字。
[2]"与"下疑脱"暴"字。

【译 文】

　　万物虽异但常有同一个名称概念的。如二与斗、子与爱、食与招、白与视、丽与暴、夫与履等。

【原 文】

　　一[1]，偏异之，谓而固是也。说在因。

【注 释】

[1] 一，二中之一。"二"指整体，为遍；"一"为部分、个体，为偏。

【译 文】

　　一，是指从二（整体）中偏弃出来的仍具有独立性的部分。因为一本来就是有独立性的条件的。

【原 文】

　　不可偏去而二。说在见与俱，一与二，广与修。

【译 文】

　　不可偏去事物中的一种属性而把属性（如坚与白）当作

两个独立事物。因为可见与不可见都相容于物，如白一与坚二相容于石，宽度与长度相容于平面。

【原　文】

　　无欲恶之为益损也。说在宜。

【译　文】

　　无所欲求和无所厌恶，都是有益也有损。因为无论是欲求还是厌恶，都必须合宜。

【原　文】

　　不能而不害。说在害。

【译　文】

　　人有不能的事，不妨害他是有能力的人。因为所害非所任。

【原　文】

　　捐而不害。说在余。

【译 文】

减损而没有害处。因为所减损的本来就是多余的。

【原 文】

异类不吡[1]。说在量。

【注 释】

[1] 吡,即"比"。

【译 文】

不同的物类是不能相比较的。因为类不同,比量的标准也就不同。

【原 文】

知而不以五路[1]。说在久。

【注 释】

[1] 而,能也。五路,指五官。

【译 文】

感知对象能够不用五官,因为积久成习。

【原 文】

偏去莫加少。说在故。

【译 文】

偏去一部分,但无损于整个事物。因为事物存在的根据(本质)未变。

【原 文】

必热[1]。说在顿。

【注 释】

[1]"必热"疑当作"火必热"。

【译 文】

火必定热。因为它本身屯聚着热。

【原 文】

假必悖。说在不然。

【译 文】

虚假必然导致悖乱。因为它不是事物本来的样子。

【原 文】

知其所以不知。说在以名取。

【译 文】

能够知道什么是我们所不知道的。因为我们可以根据名称来取认。

【原 文】

物之所以然，与所以知之，与所以使人知之，不必同。说在病。

【译 文】

一事物之所以是这样的原因，与之所以知道此事物是这样的原因，与所以使人知道此事物是这样的原因，这三种情况不必相同。这可以用生病为例说明。

【原 文】

无不必待有。说在所谓。

【译 文】

无不必和有对待。因为我们所说的无有不同角度。

【原 文】

疑。说在逢、循、遇、过[1]。擢[2],虑不疑。说在有无。

【注 释】

[1] 逢,指身经目见;循,当为"遁";遇,指偶会触发;过,指事过境迁。
[2] 擢,《说文》训为"引",含有"推"的意思。

【译 文】

犹疑,因为有逢、循、遇、过四种情况。从此推求彼,不必疑惑。因为虽有疑但无可述说。

【原 文】

　　合与一，或复否。说在拒。

【译 文】

　　合力对一力，或者有反作用力，或者不见反作用力。因为力与力之间有抗拒力的缘故。

【原 文】

　　且然，不可正，而不害用工。说在宜。

【译 文】

　　事情将发生已不可改正，不妨害人去努力。因为只要适宜就行。

【原 文】

　　欧物一体也[1]。说在俱一惟是。

【注 释】

　　[1]欧，音"区"，与"俱"同义。

【译 文】

俱合之物当统为一体。这可以用"俱一"和"唯是"来说明。

【原 文】

均之绝不。说在所均。

【译 文】

受力均匀就不易断绝。因为所均之物可承受之力受均匀程度的影响。

【原 文】

宇或徙。说在长宇久。

【译 文】

空间在地域迁徙中表现。因为宇之广长是由于空间的存在在时间上是无限的。

【原 文】

尧之义也,生于今而处于古[1],而异时。说在所义二。

(临鉴而立,景倒。多而若少。说在寡区。)[2]

【注 释】

[1]"生"疑当作"声"。
[2]据《说》文,此条当在"景之小大……说在敷"下。

【译 文】

尧的大义,其义名产生在今天而义行发生于古代,时间上不一致。因为"尧之义"可以从古今两种不同的角度说明。

【原 文】

狗,犬也。而杀狗非杀犬也,可。说在重。(鉴位,景一小而易,一大而正。说在中之外内。)[1]

【注 释】

[1]据《说》文,此条当在"说在寡区"下。

【译 文】

狗即是犬。而说"杀狗不是杀犬",可以。因为"狗"与

"犬"一实而二名,名称相重。

【原 文】

使,殷、美[1]。说在使。
(鉴團景一)[2]
(不坚白。说在。)[3]

【注 释】

[1] 据谭戒甫校,"殷"当作"役","美"当作"义"。
[2] 此条当在"天而必正"上。
[3] 此五字当在"无久与宇"下。

【译 文】

服役是合宜的。因为是上司的使令。

【原 文】

荆之大,其沈浅也[1]。说在具[2]。

【注 释】

[1] "沈"当作"沉",泽也。
[2] "具"当作"有"。

【译 文】

　　荆楚虽大，但它的沉泽是浅的（这并不影响荆楚之广大），因为沉泽是荆楚所拥有的。

【原 文】

　　无久与宇坚白。说在因[1]。

【注 释】

[1] 此条当作"无久与宇，不坚白。说在困。""不坚白说在"五字误窜在"荆之大"上，此条又脱"不"字。

【译 文】

　　把握时间与空间，不同于把握坚与白。这是因为时空是一种相因的关系。

【原 文】

　　以槛为抟，于以为无知也。说在意。

【译 文】

　　以为槛是圆的，就这种"以为"来说，是无知的。因为这只是臆度。

【原 文】

在诸其所然未者然[1]。说在于是推之。

【注 释】

[1]"未""者"互倒。

【译 文】

在过去是成立的事,不一定现在仍能成立。因为从这件事推论到现在,条件已不同了。

【原 文】

意未可知。说在可用过仵[1]。景不徙。说在改为。

【注 释】

[1]仵,与"忤"通,逆也,引申为失当。

【译 文】

臆度的得失是难以预知的。因为臆度的结果,时或可用,时或失当。

影子是不移动的。因为改变位移是物体或光。

【原　文】

　　一少于二而多于五。说在建住[1]。

【注　释】

[1] 住，当作"位"。

【译　文】

　　一比二要少，但又可以多于五。因为建位不同。

【原　文】

　　景二。说在重。

【译　文】

　　影子有二（本影和半影），因为两个阴影重叠。

【原　文】

　　非半弗斱[1]，则不动。说在抟[2]。

【注释】

[1] 蕲，斫也。

[2] 抟，极小质点。

【译文】

"非半"之物不能斫，即斫到了极限不能再动了。因为"非半"已成为物质的最小质点。

【原文】

景到，在午有端与景长[1]。说在抟。

【注释】

[1] 午，交午也，其形为×，光线之交点。

【译文】

倒影成于光线通过小孔时发生交错，以及影本身有一定长度。这是因为小孔（端）的存在。

【原文】

可无也，有之而不可去。说在尝然。

【译文】

　　本来可无的事物，存在后便不可去掉。因为它曾经存在。

【原文】

　　景迎日。说在抟[1]。
　　正而不可担[2]。说在抟。
　　景之大小。说在地疷远近[3]。宇进无近。说在敷。
　　〔临鉴而立，景到。多而若少。说在寡区[4]。〕
　　〔鉴位，景一小而易，一大而正。说在中之外内[5]。〕
　　〔鉴团景一[6]〕，天而必舌。[7]说在得。

【注释】

[1]"抟"义不可通，疑当作"转"。
[2]担，通"淡"，定也。
[3]"地"当作"杝"。
[4]本条原在"狗犬也"上，误，今移于此。寡区，意指镜面小。
[5]本条原在"说在重"下，今移于此。
[6]本条原在"说在使"下，今移于此。鉴团，即凸面镜，镜面凸出，团如皮球。
[7]"天而必舌"原在"说在敷"下，今移此，"天"当作

"大"。

【译 文】

影子向着阳光,那是因日光被反射回照而形成的。

运动之物随所到之处而正,但又不可定。因为它是圆形物。

影子有时大有时小。因为物体位置有斜正、光源距离有远近的缘故。

在宇(空间)内行进,不可说接近于宇。因为在宇内行进只是分布行走(并无目的地)。

〔物体立于凹面镜前,影像是倒立的。物体是大而影像变小。这是因为镜面比物体小而造成的。〕

〔镜呈凹形,所成影像一为小而倒,一为大而正。因为所鉴物体一在凹镜圆心(中)之外,一在凹镜圆心(中)之内的缘故。〕

〔在凸面镜中,所成影像只有一种:〕大而必正。因为凸面镜接受物体得宜。

【原 文】

行循以久[1]。说在先后。

贞而不挠[2]。说在胜。

【注　释】

[1] 循，当作"修"。
[2] 贞，当作"负"。

【译　文】

　　行远路必须花费一定的时间。因为从此处到彼处必定在时间上有先后。

　　（杠杆本端）负重后而标端不上挠。因为标端能胜本端之负重。

【原　文】

　　一法者之相与也尽[1]，若方之相合也。说在方。

【注　释】

[1]"尽"下脱"类"字。

【译　文】

　　在同一法式内的事物无不相合，如，凡方形皆合于方的法式。这可以通过"方"来说明。

【原 文】

契与枝板[1]。说在薄。

【注 释】

[1]"契"当作"挈",提絜,"枝板"当作"收仮","仮"即反。

【译 文】

提挈重物向上,与收取重物下降,是相反动作。因为用力是相互逼迫的。

【原 文】

狂举,不可以知异。说在有不可。

【译 文】

妄举的例子不能比较出事物之间的差异。因为事物之间存在为妄举例证所不能区别的方面。

【原 文】

牛马之非牛,与可之同[1]。说在异。

【注　释】

[1]"循此循此"当作"彼彼此此"。

【译　文】

说"牛马"非"牛"，和说"牛马"是"牛"，是一样的。因为"牛马"是兼名。

【原　文】

倚者不可正。说在剃。

【译　文】

偏倚的物体必须使其倾斜，不可使它垂直（或水平）。例如梯。

【原　文】

循此循此与彼此同。说在异。

【译　文】

"彼彼此此"与"彼此"是一样的。原因在于"彼彼"异于"此此"，与"彼"异于"此"是一样的。

【原 文】

推之必往[1]。说在废材。

【注 释】

[1]"推"当作"堆","往"当作"柱"。

【译 文】

砌墙必须先奠基础。因此必须先备置材料。

【原 文】

唱和同患[1]。说在功。

【注 释】

[1]患,"串"的繁文,通贯的意思。

【译 文】

唱与和是一贯的。因为功效相互为用。

【原 文】

买无贵。说在仮其贾。闻所不知若所知，则两知之。说在告。

【译 文】

买东西没有绝对意义上的贵。因为交换时物价有反复。听到所不知的事如同所知的事一样，那么对所知与所不知的都知道了。因为有别人相告。

【原 文】

贾宜则仇。说在尽。

【译 文】

交换时价格适宜就销得出。因为已把妨害销出的因素除尽了。

【原 文】

以言为尽悖，悖。说在其言。

【译 文】

认为一切言论皆谬误，其本身就是谬误的。因为"一切言论皆谬误"也是言论。

【原 文】

无说而惧。说在弗心[1]。

【注 释】

[1]"心"当作"必"。

【译 文】

无理由地感到恐惧。因为结果难以料定。

【原 文】

唯吾谓,非名也,则不可。说在仮。

【译 文】

仅仅由我说怎样就怎样,这(只是私名)并非确定的名称,这是不可以的。因为这会引起矛盾。

【原 文】

或[1],过名也。说在实。

无穷不害兼。说在盈否知。

知之否之，足用也，谆[2]。说在无以也。

【注释】

[1] 或，即"域"。
[2] "谆"当作"悖"。

【译文】

方域是过去沿袭下来的习惯名称。这可以通过实际来说明。

（地域的）无穷并不妨害兼爱的原则。因为无论天下之人能否充满宇宙，都知道兼爱是对的。

"知之为知之，不知为不知"足以为用的说法，是悖谬的。因为这种"知"没有用处。

【原文】

不知其数而知其尽也。说在明者。

【译文】

不知道天下的人数，而知道其尽爱天下之人。因为他明达兼爱的道理。

【原 文】

谓辩无胜，必不当。说在辩。

【译 文】

说争辩双方不会有胜利者，这必定是不恰当的。原因在于双方只是不能成辩。

【原 文】

不知其所处，不害爱之。说在丧子者。

【译 文】

不知道人在何处，不妨害爱他。这可以从父母丧子而爱子之心犹在得到说明。

【原 文】

无不让也，不可。说在始[1]。

【注 释】

[1]"始"疑当作"殆"。

【译 文】

　　什么都让是不可行的。因为什么都让会有害于人。

【原 文】

　　仁义之为内外也，内[1]。说在仵颜[2]。

【注 释】

[1]"内"疑当作"非"。
[2]"仵颜"疑当作"颉仵"，抵牾不合的意思。

【译 文】

　　仁为内、义为外的说法，是错误的。因为这种说法的角度相抵牾。

【原 文】

　　于一，有知焉，有不知焉。说在存。

【译 文】

　　（坚与白）同在一石，有的可以被视觉感知（白），有的不可被视觉感知（坚）；有的可以被触觉感知（坚），有的不可被触觉感知（白）。因为（坚白）都是客观存在于石中的。

【原　文】

学之，益也。说在诽者。

【译　文】

学习是有益的。因为反对学习的理由自相矛盾。

【原　文】

有指于二，而不可逃。说在以二絫[1]。诽之可否，不以众寡。说在可非。

【注　释】

[1]"絫"当作"参"。

【译　文】

有人指出坚白是两种属性，但不能脱离石头而言。因为坚白为二，合石头则是三。

可不可以批评，不取决于支持（或反对）批评者的多寡。因为被批评者是应当批评的。

【原文】

所知而弗能指。说在春也、逃臣、狗犬、贵者[1]。非诽者，谆[2]。说在弗非。

【注释】

[1]"贵"，当作"遗"字。
[2]"谆"当作"悖"。

【译文】

所知道的事物却不一定能实指出来。因为有"春也、逃臣、狗犬、遗者"四种情况。

反对批评的人是悖谬的。因为"非诽"本身正是不反对批评。

【原文】

知狗而自谓不知犬，过也。说在重。

【译文】

知道什么是狗，而又自称"不知道什么是犬"，这是错误的。因为狗和犬（二名一实），是重同的。

【原 文】

物甚不甚。说在若是。

【译 文】

事物的程度有"甚",有"不甚"。因为"甚"与"不甚"是对某一标准说才如此的。

【原 文】

通意后对。说在不知其谁谓也。

【译 文】

通晓对方的意思后方可回答。因为(不这样)就不知道对方说的是什么。

【原 文】

取下以求上也。说在泽。

【译 文】

选取下位是为了求得上位。这可以通过泽善处下来说明。

【原 文】

是是与是同[1]。说在不州。

【注 释】

[1]"是是",误,据(说)文标题,当改为"不是"。

【译 文】

"不是"与"是"相同。因为它们本不殊异。

经说上 第四十二

【原 文】

故:小故,有之不必然,无之必不然。体也若有端。大故,有之必无然[1]。若见之成见也[2]。

【注 释】

[1]此有脱文,疑当作"有之必然,无之必不然"。
[2]"若见之成见也"义难通,当作"若得之成是也"。

【译文】

故（缘故）：小故，有了它不一定能成，没有它必定不成。它只是部分，如同线中之点。（有了点不一定成线，但没有点一定不能成线。）大故，有了它就一定能成，没有它必定不能成。如同说得到那个条件才能成就此事。

【原文】

体：若二之一，尺之端也。

【译文】

体（部分）：如同二中所包含的一，尺线中所包含的点。

【原文】

知材：知也者所以知也，而必知，若明。

【译文】

知材（感知能力）：这种感知能力，只要有了它就能感知对象，如同眼睛有明视能力，就一定能看到对象。

【原 文】

虑：虑也者，以其知有求也，而不必得之，若睨。

【译 文】

虑（思虑）：思虑是人们用感知能力去谋求对事物的了解，但不一定能正确地把握事物，如同斜视对象，（不一定能看清对象的全貌）。

【原 文】

知：知也者，以其过物而能貌之，若见。

【译 文】

知（知觉）：知觉是人们用感知能力去感知对象并能摹写出对象的具体形象。如同用眼睛去看对象。

【原 文】

恕：恕也者，以其知论物，而其知之也著，若明。

【译 文】

恕（理智）：理智是人们用感知到的结果去推论事物普遍

道理的能力，由此对事物的认识也更加深刻明白。如同用眼睛看物体，经过推论，对物体的认识将更加明白。

【原　文】

仁：爱己者，非为用己也，不若爱马著若明。

【译　文】

仁：人们爱自己并不是为了役使自身。不像爱马的人（其之所以爱马，不过是为了役使马）。

【原　文】

义：志以天下为芬，而能能利之，不必用。

【译　文】

义：立志把天下之事作为自己分内的事，而又有能力为天下谋利益，但不必考虑这样做对自己有什么用处。

【原　文】

礼：贵者公，贱者名，而俱有敬僈焉。等，异论也。

【译文】

　　礼（礼仪）：尊贵的人被称为"公"，卑贱的人被直呼其名，这都有尊敬或轻慢的意思。因此，礼表明人与人之间等级差别的序次。

【原文】

　　行：所为不善名，行也。所为善名，巧也，若为盗。

【译文】

　　行：一个人的所作所为不求善名，这才称得上是有德行；一个人的所作所为仅仅为求善名，那不过是巧伪，就像盗贼一样。

【原文】

　　实：其志气之见也，使人如己，不若金声玉服。

【译文】

　　实（实在）：人的志气表现为外在气象，待人如待己一样，不像金声玉服那样华而不实。

【原 文】

忠：不利弱子亥[1]，足将入，止容。

【注 释】

[1]"亥"当作"孩"。据谭戒甫考证，这一段文字是引大禹治水的故事以解说"忠"。

【译 文】

忠：（如大禹为天下治水），不顾襁褓中的弱子，过家门足将入而又止。

【原 文】

孝：以亲为芬，而能能利亲，不必得。

【译 文】

孝：是把父母的事作为自己分内的事而又有能力为父母谋利益，但不必考虑这样做自己能得到什么。

【原 文】

信：不以其言之当也，使人视城得金。

【译 文】

信：（可信与不可信）不是根据他说的是否有道理。比如有人说"城上有金子"，（虽然不合常理），叫人去城上查看，果然得到了金子，（这就是可信）。

【原 文】

佴[1]：与人遇，人众循。

【注 释】

[1]"佴"当作"狂"，从谭戒甫说。

【译 文】

狂：这种人与人相遇，别人都纷纷躲避他。

【原 文】

诮：为是，为是之台彼也[1]，弗为也。

【注 释】

[1] 台,即"怡",怡悦也。

【译 文】

　　谓:只从事自己快意的事,如果自己快意同时也怡悦别人的事,便不屑去做。

【原 文】

　　廉:己惟为之,知其䍃也。

【译 文】

　　廉(廉耻):自己虽然做了,但心常自恨知惧。

【原 文】

　　所令非身弗行[1]。

【注 释】

[1] 本条标题"令"脱去;"弗行"当作"所行"。

【译文】

所令，使别人去作，不是自身带头做的。

【原文】

任：为身之所恶，以成人之所急。

【译文】

任：做自己所厌恶的事，也要成就别人所急于办成的事。

【原文】

勇：以其敢于是也命之，不以其不敢于彼也害之。

【译文】

勇：因为他对这一事敢做敢为，所以称之为勇；不能因为他对另一事不敢做敢为，就妨害他的勇武之名。

【原文】

力：重之谓。下与重，奋也。

【译文】

力：这说的是重力。物体在重力作用下下落，导致运动速度变化。

【原文】

生：楹之，生商，不可必也[1]。
卧：
梦：
平：惔然。
利：得是而喜，则是利也。其害也，非是也。
害：得是而恶，则是害也。其利也，非是也。
治：吾事治矣，人有治，南北。
誉之，必其行也。其言之忻，使人督之。
诽：必其行也[2]。其言之忻[3]。

【注释】

[1] 生商，"商"假为"章"，有强盛之意。
[2] "必"当作"止"。
[3] "忻"当作"怍"。

【译 文】

生：形体和认知能力相盈，生命才会旺盛，形体与认知能力是不可分的。

卧：

梦：

平：恬淡无欲的样子。

利：得到它而使人感到喜悦，那么它就是利。如果对人有害，那就不会使人感到喜悦。

害：得到它而使人感到厌恶，那么它就是害。如果对人有利，那就不会使人感到厌恶。

治：自身的事治理好了，才能治人，进而达到东西南北四方。

赞誉一个人，就是肯定这个人的行为。赞誉之言辞令人喜悦，从而督促人行善。

谴责：就是要阻止这个人的恶行。谴责之言使人愧怍。

【原文】

举：告以文名[1]，举彼实也故。

言：也者，诸口能之出民者也[2]。民若画俿也。言也谓言，犹石致也[3]。

且：自前曰且，自后曰已，方然亦且。（若石者也[4]。）

君：以若名者也[5]。功：不待时，若衣裘。

赏：

罪：不在禁，惟害无罪，殆姑[6]。

□：上报下之功也[7]。

【注释】

[1]"文"当作"之"。

[2]"也"上脱"言"字；"民"当作"名"，下"民"字同。

[3]"石"亦当作"名"。

[4]"若石者也"涉下句而衍，当删。

[5]"若"当作"后"，据伍非百校。

[6]"殆姑"当作"若殆"。

[7]"上报下之功也"当移著"赏"字下。

【译文】

举：用名称来告示人，来拟举（所要示诸人的）那个实体。

言：言是人人之口皆能说，是通过名谓表现出来的。名犹如画虎（可表示虎但并非虎之实体本身）。言之被称为"言"，这也是用名称来表达实体。

且：就事情尚未发生前而言，这就要说"且然"；就事情已发生之后而言，这就要说"已然"。就其事刚刚发生而言，也是"且然"。

君：（君主因臣民约定而立）所以以"后王"自称。

功：必须适时而行，如同根据时令选穿衣裘一样。

赏：

罪：如果行为不在触犯禁令之列，虽然有害，也不能说是有罪。如小路行人相近，前者妨碍后者。

口：是上司奖赏下级的功劳。

【原文】

罚：上报下之罪也。

侗[1]：二人而俱见是楹也，若事君。

久：古今旦莫。

宇：东西家南北。

穷：或不容尺，有穷；莫不容尺，无穷也。

尽：但止、动[2]。

始：时或有久，或无久，始当无久。

化：若蛙为鹑。

【注释】

[1] 侗，通"同"。
[2] "但"当作"俱"。

【译文】

罚：是上司惩处下级的罪过。

侗：如同两个人共建这个柱子，如同众人同事一君。

久：总合古代、现今、早上、黄昏等所有时间。

宇：总合东、西、中、南、北各方空间。

穷：一个区域内不能容纳任何尺度，这个区域就是有穷；任何尺度无不容纳，这个区域就是无穷的。

尽：事物完全静止不动，或者一直变动不止，这都是尽。

始："时"，或者指有一先后过程（有久），或者指没有先后过程的瞬间（无久），始便是正当没有先后过程的瞬间。

化：比如虾蟆变易成鹌鸟。

【原 文】

损：偏去也者，兼之体也。其体或去或存，谓其存者损。

儇：昫民也[1]。

库：区穴若，斯貌常[2]。

动：偏祭从者，户枢免瑟[3]。

止：无久之不止，当牛非马，若矢过楹；有久之不止，当马非马，若人过梁。

必：（谓台执者也，若弟兄[4]。）一然者，一不然者，必不必也，是非必也。

〔平〕[5]：〔谓台执者也，若弟兄。〕

【注 释】

[1]"昫民"无义，当作"俱氏"。

[2] 据孙诒让校,"库"当作"廑","斯貌常"乃"所视库"之误。

[3] "祭"当作"际","从"当作"徙","免瑟"当作"它蚕"。

[4] 此八字当在"平"条下。

[5] "平"字脱,当补。

【译文】

损:偏是指整体中的部分,这一部分或者是与整体分离的个体,或者是存在于整体中的部分。损,说的是与整共存的一部分损去了。

儇(圆环):它的任意一点都可以叫做抵。

廑(障):虽有空穴,但视之仍廑而不见。

动:运动遍及所接之域,如户枢转动以及蛇、蚕之动。

止(静止):高速运动物体在极短时间内是没有静止的,如同说牛不是马一样(是无可怀疑的),比如箭在飞过两楹柱之间时,便是不止的。如果说缓慢运动物体在长时间内没有静止,这就如同说马不是马一样(是可以怀疑的),比如一人走过桥梁时,虽然没有停止,但他的双脚却有一走一停之时。

必(必然):一是这样,一不是这样,必就不必然了,这就不是"必"了。

〔平〕:〔这是说如同两人抬东西,处于同一高度,就像兄弟辈分相平一样。〕

【原 文】

同：捷与狂之同长也[1]。

心中，自是往相若也[2]。

厚：惟无所大。

圆：规写攴也[3]。

方：矩见攴也[4]。倍：二尺与尺，但去一。

端：是无同也。

有间：谓夹之者也。

间：谓夹者也。尺，前于区穴而后于端，不夹于端与区内。及，及非齐之及也。

【注 释】

[1]"捷"当作"楗"。"狂"借为"框"。
[2]此句当作："中，心有是往相若也。"
[3]"攴"当作"父"。
[4]"见攴"疑当作"儿交"。"儿"，貌也，描画之意。

【译 文】

同：比如门楗与门框长度相同且平行。

中（圆心）：自圆心到圆周各点距离一样。

厚（厚度）：与物体的广度无关。

圆（圆形）：用圆规画一周，终点与起点相交。

方（方形）：用矩画出四边相交而成。

倍：比如二尺和一尺相比较，一尺只是二尺自减一尺所得的结果。

端（点）：它在一条线中没有相同的其他点。

有间：是说被物体所夹的空间。

间：是说被二物所夹的间隙。线虽然先于面而后于点形成，但它并不是被夹在点和面之内的，因为不成为间隔。这里（指《经上》）说的"及"，不是"齐等"的意思。

【原 文】

纑：间虚也者，两木之间，谓其无木者也。

盈：无盈无厚。于尺无所往而不得[1]，得二。

坚：异处不相盈，相非，是相外也。

撄：尺与尺俱不尽，端与端俱尽。尺与或尽或不尽[2]，坚白之撄相尽，体撄不相尽。端[3]。

仳：两有端而后可。

【注 释】

[1]"尺"当作"石"。

[2]"尺与"后脱"端"字。

[3]"端"字疑即前"尺与"后所脱之字，错窜于此。

【译文】

纑：所谓"虚"，是指两木之间没有木的地方。

盈：没有充满就没有厚积。对于石来说，坚白无处不相盈。

坚白：如果所得之坚和所得之白为二的话，那么此坚和此白必定是分处在不同的物体之中，互不相容纳，互相排斥，这就是相外了。

撄：线与线不能完全吻合，点与点完全吻合；线与点有相尽合之处，也有不相尽合之处。坚与白同在一体则互相融合，不同个体则不能完全相融。

仳（比较长短）：两条线都必有确定的起点和终点，然后才可以比较。

【原文】

次：无厚而后可。

法：意、规、员三也俱，可以为法。

佴[1]：然也者，民若法也。

彼：凡牛枢非牛，两也，无以非也。

辩：或谓之牛，谓之非牛，是争彼也，是不俱当。不俱当，必或不当，不若当犬。

【注释】

[1] 佴，义为"贰"，即"副"的意思，与"法"对言，佴为副，法为正。佴是按照法做成。

【译文】

次（顺次排列）：物体相连而又不融成一体（无厚），然后才可以形成（顺次排列）。

法：立意、运用圆规、画出圆形等三个步骤都具备了，就可以成为画圆的法则。

佴：所谓符合法的不成文法，是指它像法本身一样明白。

彼（对象）：凡"牛"都区别于"非牛"。如果说对象既是牛又不是牛，则无法判定它是"牛"还是"非牛"了。

辩（辩论）：一方说这是牛，另一方说不是牛，这就是争论对象的是非了，这是不可能双方都取胜的。双方既不能都取胜，必定有一方不当，比如把牛说成是犬，这就是不当。

【原文】

为：欲养其指，智不知其害，是智之罪也。若智之慎文也[1]，无遗于其害也。而犹欲养之，则离之。是犹食脯也，骚之利害，未可知也，欲而骚，是不以所疑止所欲也。廧外之利害，未可知也，趋之而得力[2]，则弗趋也,是以所疑止所欲也。观"为,穷知而悬于欲"之理,养脯而非智也,养指而非愚也,所为与不所为相疑也,非谋也。

【注释】

[1]"文"当作"之"。
[2]"力"当作"刀"。

【译文】

为(错讹):有人嗜好养其手指,如果他哙的智慧不足以知道养小指失大身的害处,那就是智之罪了。如果他知道应当慎重从事,就不会给他带来害处。明知如此而仍然嗜好于养指,那就要遭难了。这就像吃腊肉,对骚腥的利害不清楚,仍要去尝骚腥味,这是不因有所疑虑就限制自己的嗜欲。墙外的利害不可预知,如跑过去可以得到钱币,但没有去,那是以有所疑虑限制自己的嗜欲。如此来看"为,穷知而悬于欲"的道理,虽然吃腊肉得其美味,但并不就有智慧,虽养指忘身,也不必就是愚蠢,因为这是所为与所不为之事分不清,而并非刻意谋求嗜欲的满足。

【原文】

已:为衣,成也;治病,亡也。

使：令谓，谓也，不必成。湿，故也，必待所为之成也[1]。

名：物，达也，有实必待文多也[2]命之。马，类也，若实也者，必以是名也命之。臧，私也，是名也，止于是实也。声出口，俱有名，若姓宇洒[3]。

谓：狗犬，命也。狗犬[4]，举也。叱狗，加也。

知：传受之，闻也。方不㢓，说也。身观焉，亲也。所以谓，名也。所谓，实也。名实耦，合也。志行，为也。

闻：或告之，传也。身观焉，亲也。

见：时者[5]，体也。二者，尽也。

古[6]：兵立，反中，志工，正也。臧之为，宜也。非彼必不有，必也。

口[7]：圣者用而勿必[8]，必去者可勿疑[9]。仗者两而勿偏[10]。

【注 释】

[1]"湿"当作"显"，指由微到显之原因。

[2]"多"当作"名"字。

[3]"宇"当作"字"。

[4]"犬"当作"吠"字。

[5]"时"，当作"特"字。

［6］"古"，依经文当作"合"。

［7］《说》文标题缺。

［8］"圣"当作"正"。

［9］"去"当作"也"。

［10］"仗"当作"权"。

【译 文】

已：做衣而衣成，这是已成。治病而病愈，这是已无。

使：指命令某人做某事，这是"使为"，（命令下达了）但事不必成。指明事情办成的原因，这是"致使"。事情办成必定有待于指明原因。

名："物"是达名，实物必有待于名称繁多之后才用"物"来概括。"马"是类名，凡属此类实物必须用此名来命名它。"臧"是私名，这类名称仅仅表达这个实物本身。凡声从口出，都有所命名，如同姓与字相配一样。

谓（称谓）：说"狗是犬"，这是由此名移至彼名的"命谓"。说"狗在吠"，这是举其特征的"举谓"。叱狗，这是叱责加于狗身的"加谓"。

知：由别人传授而获得的知识，是闻知。不受时空阻障由推论得来的知识，是说知。由亲身观察得来的知识，是亲知。名，是用来称谓对象的。实，是所称谓的对象。合，是名与实相符。为，是使用符合于实的名而使意志得以实行。

闻：由别人告诉而得知的，是传闻。自己亲身所见所听而得知的,是亲闻。

见:仅仅看见事物的某一方面,叫体见。事物的正反两面都看见了,叫尽见。

合:两种并立或相反的观点,能取得功效的,就是"正合"。私名"臧"表示某人的名字,这是"宜合"。一个名称除它之外,没有任何更合适的,这是"必合"。

正:所欲所恶虽正,但不可绝对化。所谓绝对,是说毫无可疑之处。权衡利害两面而不要有偏失。

【原文】

为:早台[1],存也。病,亡也。买鬻,易也。霄尽,荡也。顺长,治也。蛙买[2],化也。

同:二名一实,重同也。不外于兼,体同也。俱处于室,合同也。有以同,类同也。

异:二必异,二也。不连属,不体也。不同所,不合也。不有同,不类也。

【注释】

[1]"早"当作"甲"。
[2]"买"字当作"鹑"。

【译文】

为:甲台,是存在。治病,是从有病到无病。买卖,是从此人之手易于彼人之手。耗尽，是从聚合到荡散。顺从长养，是从不治到治。青蛙变为鹑鸟，是变化。

同：不同的名称都指同一实体，这是重同。一物处于一物之中，这是体同。事物同在一个处所，这是合同。事物有相同的根据，这是类同。

异：两个事物必定不同，这是"二之异"。二物没有连接附属关系，这是"不体之异"。二物分在不同的处所，这是"不合之异"。二物没有相同的根据，这是"不类之异"。

【原文】

同异交得：于福家良恕，有无也。比度，多少也。免蚓还园，去就也。鸟折用桐，坚柔也。剑尤早，死生也。处室子子母，长少也。两绝胜，白黑也。中央，旁也。论行行行学实，是非也。难宿，成未也。兄弟，俱适也。身处志往，存亡也。霍为姓，故也。贾宜，贵贱也[1]。〔长短、前后、轻重，援[2]。〕

【注释】

[1]"恕"当作"恕"；"免"当作"它"，即"蛇"之正字，"蚓"疑当作"螾"，即蚯蚓；"园"当作"圆"，旋转意；"折"乃"逝"的省文，飞往的意思；"用"当作"甲"，"桐"当作"捅"，与动同；"尤"，异也，"早"

当作"甲",意为剑不同于甲;"行行"衍;"难"当作"鸡","鸡宿",鸡孵蛋之意;俱,相合意,"适",敌也;"霍"即"鹤","为"母猴也。

[2] 此七字原窜在"五色"下,今移此。

【译 文】

同异交得:对于富贵人家来说,其良知,有的有,有的无。比较、度量,是多与少的交得。蛇与蚯蚓屈伸旋转,是去与就的交得。鸟飞、龟动,是坚与柔的交得。剑不同于甲,是生与死的交得。未嫁闺女、乳母,是长与少的交得;两种颜色比较,是白与黑的交得。中央,亦即四旁。言行与学实,表现为是与非的交得。鸡之孵蛋,是成与未成的交得。兄弟之间,有的和睦,有的相敌视。身处此地,志往彼处,是存亡的交得。鹤、猴的不同,是本性与习惯的交得。物价合宜,是贵与贱的交得。……〔长短、前后、轻重,都可援此推知。〕

【原 文】

诺:超城员止也[1]。相从、相去、先知、是、可,五色[2](长短、前后、轻重,援[3])〔正五诺,皆人于知,有说;过五诺,若负无直,无说,同五诺,若自然矣[4]。〕

执:服难成,言务成之,九则求执之[5]。

法：法取同，观巧传。

法：取此择彼，问故观宜。以人之有黑者有不黑者也，止黑人；与以有爱于人有不爱于人，心爱人，是孰宜[6]？

心[7]：彼举然者，以为此其然也，则举不然者而问之。若圣人有非而不非。

（正五诺，皆人于知，有说；过五诺，若负无直，无说。用五诺，若自然矣。）[8]

【注 释】

[1] 超城员止，当作"诒城员止"。
[2] 色，当作"也"。
[3] 此七字为解释"同异交得"文字，已移于"贵贱也"之后。
[4] "正五诺"以下廿五字原窜在"有非而不非"下，今移于此。
[5] "执""服"倒，当作"执；服"；"言"当作"說"。
[6] "心"当作"止"。
[7] "心"当作"止"。
[8] "正五诺"以下廿五字，孙诒让认为："似皆释五诺正负之义，以《经》校之当属上文'五也'之下。"今从孙校。

【译文】

诺（回答问题）：分诒诺（口是心非）、诚诺（口是心是）、员诺（完全赞同）、止诺（部分赞同）。应用方式分相从（顺其所问而答）、相去（悖其所问而答）、无以答（所问没有答案）、是、可等。〔正确运用五诺，是由于人们有推论之辞。错误使用五诺，如同本身不正确，是没有推论之辞的。凡运用五种应诺方式，都必须顺乎自然。〕

服：固执偏见去说服人，难以成功。善于在恰当时机去说服，必定成功。对奸究之言则务求抓住它。

法：按法取同，观察是否偷换概念。

法：是采取这个还是选择那个，要问明缘故，观其所宜。用"人之中有人黑，有人不黑，不是所有的人都黑"，与"有人被爱，有人不被人爱，不是所有人都该爱"相比较，哪个结论更恰当呢？

止：对方举出这样的例子，认为这是普遍的正确的，那么你就举出不是这样的例子来反问他。比如以"圣人批评别人的错误"来反驳"圣人不批评别人的错误"。

经说下 第四十三

【原文】

止：彼以此其然也，说是其然也；我以此其不然也，疑是其然也。

谓[1]：四足兽与生鸟与[2]，物尽与[3]，大小也。此然是必然，则俱。

为麋同名，俱斗，不俱二，二与斗也。包、肝、肺，子爱也[4]。橘、茅，食与抬也[5]。白马多白，视马不多视，白与视也。为丽不必丽，不必[6]，丽与暴也。为非以人是不为非，若为夫勇不为夫[7]，为屦以买衣为屦[8]，夫与屦也。

【注释】

[1]"谓"当作"推"。
[2]"生鸟与"当作"牛马异"。
[3]"与"，当作"异"。
[4]"子"下脱"与"字。
[5]食，指人飨；招，指神飨。

[6]"不必"上疑脱"为暴"二字,"不必"下疑脱"暴"字。

[7]"勇"上脱"以"字。

[8]"买衣"当作"蕢不",蕢,草制品。

【译文】

止:他认为此是这样的,就必须论证此之所以是这样的理由;我认为此不是这样的,也必须论证之所以怀疑此是这样的理由。

推:四只脚的兽与牛、马的概念不同,与物的概念都不同,这里有概念外延大小之分。这个道理是必然的,那么对于同一类事物来说,都共同遵守这个道理。

母猴与麋鹿同为(四足兽),它们在一起争斗,不一定是两个争斗,这是二与斗的异同。包胎是母体的一部分,肝、肺亦是母体的一部分,这是亲子之爱与爱其身之爱的异同。骊为人食,茅为神食,这是人飨与神飨的异同。白马多白色,视马却不能说是多视,这是白与视的异同。骊是杂,暴是乱,但骊杂不必为乱,暴乱也不必为杂,这是骊与暴的异同。人有过为非,但此人并不就是非;匹夫有勇,但勇并不就是匹夫;用草器制鞋,但草器并不就是鞋,这是"夫"与"屦"的不同。

【原文】

一:一与,一亡;不与,一在。偏去未有文实也,而后谓之；无文实也[1]，则无谓也。不若敷与美[2]：谓是，则是固美也；谓也，则是非美，无谓则报也。

【注释】

［1］"文实"均当作"之实"。
［2］"不"字衍。敷，"蕨"之省文，即"花"。

【译文】

一：一有所与，一就失去了它的独立性；一无所与，一就仍具有独立性。偏去而此实犹在，那就仍可称其为此物，偏去而此实全无，那就无法再称其为此物了。比如花与美：说这是花，那么它本来就是美的；如偏去花而说它物，那么就不是美了，既是无可再称其为美，那就只能扱之以他物所具的性质了。

【原文】

囗[1]：见不见离，一二不相盈，广脩坚白。

〔不〕：举（不）重不与箴[2]，非力之任也；为握者之頯倍[3]，非智之任也。若耳目。

异：木与夜孰长？智与粟孰多？爵、亲、行、贾，四者孰贵？麋与霍孰高？麋与霍孰霍[4]？蚓与瑟孰瑟[5]？

偏：俱一无变。

假：假必非也而后假。狗假霍也，犹氏霍也。

【注释】

［1］标题"不"字脱。
［2］标题"不"字原误倒在'举'字下，据梁启超改。
［3］"觤"当作"觭"。
［4］此五字涉上文而衍。
［5］此五字，高亨疑当作"蚓与瑟孰悲"，今从。

【译文】

〔不〕：见（视觉所见）与不见（触觉所觉）相分离，导致一与二不相容纳。（如）宽与长相容（于平面）、坚与白相容（于石头）。

〔不〕：力能举重而不拈针，拈针不是有力者的职责。让精于数术之人去辨析奇偶，这不是精于数术的智者的责任。比如耳不能视但能听，目不能听但能视。

异：木头与夜晚哪一个长？智慧与粟米哪一个多？爵位、双亲、品行和物价哪一个贵？麋鹿的身体和白鹤飞翔哪一个高？蝉声与瑟声哪一种悲凉？

偏：（偏去之一，偏去后留存的一）都是一，一之为一没有变。

假：假借之名必定不是本来的样子，然后才成其为假借。狗假借鹤名，狗并不是鹤，犹如以霍为氏者并不是鹤一样。

【原 文】

　　物：或伤之，然也；见之，智也；告之，使智也。

　　疑：逢为务则士[1]，为牛庐者夏寒，逢也。举之则轻，废之则重[2]，非有力也；沛从削[3]，非巧也，若石羽[4]，循也。斗者之敝也，以饮酒，若以日中，是不可智也，愚也[5]。智与？以已为然也与？愚也[6]。

　　俱：俱一，若牛马四足；惟是，当牛马。数牛数马，则牛马二；数牛马，则牛马一。若数指，指五而五一。

　　长宇：徙而有处。宇宇[7]，南北在旦有在莫，宇徙久。

　　无坚得白，必相盈也。

　　在：尧善治，自今在诸古也；自古在之今，则尧不能治也。

【注 释】

[1] 逢，疑当作"屋"。

[2] 废之，放置的意思。

[3] "沛"，依张惠言校当作"棩"。《说文》："棩，削木札朴也。"即刨花。

[4] "若石羽"当在"非有力也"下。

[5] "愚"当作"遇"。

[6]"愚"当作"过"。

[7]"宇宇"当作"宇久"。

【译文】

物：有人伤害了他，这是病情发生的原因。看见他伤病，这是之所以知道他生病。将发病的事告诉别人，这是使人知道。

疑：用蓬草盖房子，以为这是高尚的士人；用蓬草盖牛棚，以为是夏天乘凉之用，这些只是适逢而生的犹疑难决。举某物很轻，放某物很重，不足以论力气大小，如举羽毛、放石头。刨花有厚薄，不足以定手艺巧拙。这是遁离比较的标准而产生的犹疑不决。斗殴的弊病，是由于暴饮发生的，如果是集市买卖发生争执而引起的呢？这是不可知的。这是由于偶遇而犹疑难决。有人说对了，是因为他有智慧吗？还是因为看到了事情的结果才说中的呢？这是由于事情已过而产生的对别人智力的犹疑难定。

俱：俱合为一，如牛马有四足。唯是（仅此而已），是指合理地分别称呼牛称呼马。数牛又数马，则牛马为二。数牛马，则牛马为一。好比数手指，分开数为五，统数则五指俱称为指，为一。

宇：地域方位虽不断迁徙但实有处所。空间与时间统一，南北的处所，既在早晨又在夜晚，空间迁徙与时间统一。

抚石之坚同时可见石之白色，坚与白是相包容的。

在：尧善治天下，这是从今天看古代；如果从古代看今天，则尧不能治也。

【原　文】

　　景：光至景亡。若在，尽古息。
　　景：二光夹一光，一光者景也。
　　景：光之人，煦若射[1]。下者之人也高，高者之人也下。足敝下光，故成景于上；首敝上光，故成景于下。在远近有端，与于光，故景庳内也[2]。
　　景：日之光反烛人，则景在日与人之间。
　　景：木㧻[3]，景短大。木正，景长小。大小于木，则景大于木。非独小也，远近。

【注　释】

［1］"煦"当作"照"。
［2］"庳"，原作"库"，卢文弨以意改，非，仍应作"库"。
［3］木㧻，木，指立柱；㧻，木斜纹。

【译　文】

　　影：光线照到的一面，影子就消失了。如果影子永存不移，则必须是光源与物体永远静止不动。
　　影：两个光界的光线夹着一个光体，于是形成双影，一个光点形成一影。

影：光线照在人身上，如同箭射入小孔一样。射到人身下的光反射到高处，射到人身上面的光反射到低处。脚遮住了射到下面的光，反射出去的成影在上；头遮住了上面的光，反射出去的成影在下。离交点的远近与光线的强弱有关，所以光线射入穴内成影。

影：日光反照在人身上，那么影就会在日和人之间。

影：木斜，有时影短（当光线从侧面射来时），有时影大（当光线从顶端射来时）。木正，有时影长（当光线从侧面射来时），有时影小（当光线从顶端射来时）。光点小于木，影却大于木，所以，影的大小，不完全取决于光点的大小，还要取决于光点的远近。

【原文】

临：正鉴，景寡[1]、貌能、白黑、远近、柂正，异于光。鉴景当俱，就、去亦当俱[2]，俱用北。鉴者之臭于鉴[3]，无所不鉴。景之臭无数，而必过正。故同处其体俱，然鉴分。

【注释】

[1]"景"下脱"多"字。
[2]"亦"当作"亦"。

[3]"臭"当作"杲",下同。

【译文】

临：正面对着（球面）镜子，影像的大小、状貌形态、明与暗、远与近、斜与正，往往与所照之物体不同。镜与影像总是俱在的，物体趋向镜面和离开镜面，和影像总是同时发生的，不过其运动方向相背。照镜子的人，容貌都能在镜子中呈现出来，其影像是多种多样的，但都必然不同于真实的容貌。容貌的各部分同处于一体，但在镜中会形成不同的影像。

【原文】

鉴：中之内，鉴者近中，则所鉴大，景亦大；远中，则所鉴小，景亦小，而必正。起于中，缘正而长其直也。中之外，鉴者近中，则所鉴大，景亦大；远中，则所鉴小，景亦小。而必易。合于中，而长其直也。

鉴：鉴者近，则所鉴大，景亦大；亓远，所鉴小，景亦小，而必正。景过正，故招。

负：衡木，加重焉而不挠，极胜重也。右校交绳，无加焉而挠，极不胜重也。

【译文】

鉴：照镜子的人（物）在焦点与镜面之间，光体近于焦点，照镜子的人（物）大，成像也就大；光体远于焦点，照镜子的人（物）小，成像也就小，但所成之像必定是正立的。从焦点和中心开始射向镜面的两条光线的进行方向和镜面正交，它们向镜后延长相交而成正立之像。在中心之外的，照镜子的人（物）近于焦点，照镜子的人（物）大，所以成像也就大；照镜子的人（物）远于焦点，照镜子的人（物）小，成像也就小，但都必定是倒立的。因为从人（物）发出的光线通过焦点和中心都向中间汇合，两条光线延长之后相交即成倒立之像。

鉴：人（物）接近镜面，人（物）大，所以成像亦大；人（物）离镜面远，人（物）小，所以成像也小。但都必定是正立的像。人（物）与镜面距离逐渐拉远以至极远时，成像由正立变为倒立，此时影像招摇不定。

负重：杠杆在（本端）加重物后而（标端）不上挠，是因为（标端）重物超过（本端）的负重。向右调节衡木与直木的交结处，即使（本端）不加重，（标端）也会上挠，此时固定在（标端）之物已不能胜任（本端）的重量。

【原文】

衡：加重于其一旁，必捶。权重相若也相衡，则本短标长。两加焉重相若，则标必下，标得权也。

挈：口[1]，有力也；引，无力也。不必所挈之止于施也[2]，绳制挈之也，若以锥刺之。挈：长重者下，短轻者上，上者愈得，下下者愈亡[3]。绳直权重相若，则止矣。收，上者愈丧，下者愈得，上者权重尽，则遂[4]。

挈：两轮高，两轮为耦，车梯也。重其前，弦其前[5]，载弦其前[6]，载弦其轱[7]，而县重于其前。是梯，挈且挈则行。凡重，上弗挈，下弗收，旁弗劫，则下直。扡，或害之也。沠，梯者不得沠[8]，直也。今也废尺于平地[9]，重不下，无跨也。若夫绳之引轱也，是犹自舟中引横也。

【注 释】

[1] "有力"上脱"挈"字。
[2] "不正"当作"不必"。
[3] "下"字衍。
[4] 遂，通"队"，即"坠"。
[5] 弦，疑当作"引"，指牵引之绳。
[6] "载弦其前"涉上下文而衍。
[7] "轱"疑当作"前胡"。《周礼·大行人》侯伯"立当前侯"。注："郑司农云：驷马车辕前胡，下垂拄地者。"
[8] 沠，古"流"字，引伸为下滑。
[9] "尺"当作"石"。

【译 文】

秤，在它的一端加重，这一端必然下垂。如果秤锤和所称之物重量相当求其平衡，则需秤头（所称之物至支点）短秤尾（秤锤至支点）长。如果在秤钩和秤锤这两端所加重量相同，秤尾必下垂，因为秤尾一边所得秤锤重量不当（即动力矩过大）。

挈：提挈向上，是用力的；悬引物体不用力。提挈重物向上，不一定把重物放置于斜面上往上拖，可以用绳穿过滑轮来提升它，这就如同用锥刺物。提挈时，重权愈向下绳愈长，所提之物比权轻，愈上升绳愈短。上升之物达到目标，重权下降离高处愈远。滑轮绳的一端所悬之权与另一端所悬重物重量相等，绳垂直悬挂，此时物体静止。收取重物向下，重物自上向下，绳变长，比重物轻的权自下向上，绳变短，权上升到滑轮边缘，滑轮作用已尽，于是下坠。

挈：车梯的两轮高（是有辐的轮），另两轮低（是无辐的辁）。重心偏前，绳索系在车前端，下垂挂地，绳下端悬一重物。对这种车梯，一边把车前所悬重物提挈起来，取去重物，挽绳挈车前端向前而行。凡重物，如果没有受到向上的提挈之力，也没有受到向下的收取之力，也没有受到从旁作用的力，则垂直下落。但斜面会限制它。沿梯之斜面滑动，就不可能垂直下落。现在把重石放置于平地上，石有重量，然不下落，因为没有从旁作用之力。人拉车前端之绳引车前行，犹如人用绳牵引水面上的舟前端横木而使船水平前行一样。

【原 文】

倚：倍、拒、坚、觕[1]，倚焉则不正。

谁[2]：䶂石、絫石耳，夹宷者[3]，法也。方石去地尺，关石于其下，县丝于其上，使适至方石。不下，柱也。胶丝去石，挈也[4]。丝绝，引也[5]。未变而名易[6]，收也。

【注 释】

[1] "倍"同"背"，"坚"当作"掔"，"觕"当作"射"。
[2] "谁"当作"堆"
[3] 夹宷，夹即夹室；"宷"，"寝"之省文。
[4] 挈，悬持的意思，指石大相持，悬而不下，需裁去。
[5] 绝，断绝的意思，指石短小不及墨线；引，意为引满，指补充其他小石块。
[6] "名"当作"石"。

【译 文】

倚斜，有背负、撑拒、牵曳、投射（四种情形），此时必须倚斜而不能垂直（或呈水平状）。

砌墙：合并石材，垒石成墙，相次建成东西厢夹室及寝庙，此为垒石作室之法。把一块方石提举到距地一块方石的高度，在它下面连贯砌好石块，在它的上面悬一根线，使垂直在方石一侧，（使连贯砌好的石块）不高不低，这就是基础。石头胶住墨线，（以其为标准）石过大则裁去，这是挈；石过于短小当接补，这是引。若石刚好无须变易，这就完成了（收）。

【原文】

买：刀籴相为贾。刀轻则籴不贵，刀重则籴不易。王刀无变，籴有变，岁变籴，则岁变刀。若鬻子。

贾：尽也者，尽去其以不仇也[1]。其所以不雠去，则雠正。贾也宜不宜，正欲不欲，若败邦、鬻室、嫁子。

【注释】

[1]"其"下脱"所"字。

【译文】

买：钱与谷相交换。钱轻则谷物价格不会贵，钱重则谷价不会贱。国家铸造的钱币，本身轻重不变，但谷物价格在变，如果每年谷物价格都有变化，那么国家也每年变更钱价。这就好像卖儿女一样。

贾："尽"是把销不出去的因素尽数去掉的意思。把销不出去的因素尽数去掉，就能销出去，这就是正价了。物价适当不适当，取决于是否是正价，即取决于买方的愿意不愿意，这就像战败的国家出卖房屋和嫁女一样（要看战胜国是否愿意）。

【原 文】

无：子在军，不必其死生[1]；闻战，亦不必其生[2]。前也不惧，今也惧。

或：知是之非此也，有知是之不在此也，然而谓此南北，过而以已为然。始也谓此南方，故今也谓此南方。

智：论之，非智，无以也。

谓：所谓非同也，则异也。同则或谓之狗，其或谓之犬也。异则或谓之牛，牛或谓之马也。俱无胜。是不辩也。辩也者，或谓之是，或谓之非，当者胜也。

【注 释】

[1]"死"字衍。
[2]"生"当作"死"。

【译 文】

无：儿子在军中，不能确定他是生；听说有战事，也不能确定他死了。但前一种情况不使人感到恐惧，后一种情况才使人恐惧。

域：知道此实已不是原来的实，又知道此实已不在这里了，然而仍说此实为南或北，那是沿袭过去的习惯而以为现在仍是那样。起初说"此是南方"，因而现在沿袭习惯仍说"此是南方"。

智：这只是一种理论，并非真正的知识，是没有用的。

谓：名称所指的实体不是相同，便是相异。相同的情况：有人说这是狗，又有人说这是犬。相异的情况：有人说这是牛，又有人把牛说成马。这两种争辩，都不能确定谁胜。因为双方无法成辩。若要成辩，一方说此为是，另一方说此为非。那么，谁是合理的一方谁就制胜。

【原文】

无：让者酒未让，始也[1]，不可让也[2]。

于：石，一也；坚白，二也，而在石，故有智焉，有不智焉，可。

有指：子智是，有智是吾所先举，重。则子智是，而不智吾所先举也，是一。谓"有智焉，有不智焉"，可。若智之，则当指之智告我，则我智之。兼指之，以二也。衡指之，参直之也。若曰"必独指吾所举，毋举吾所不举"，则者固不能独指。所欲相不傅，意若未校。且其所智是也，所不智是也，则是智是之不智也，恶得为一？谓而"有智焉，有不智焉"。

【注释】

[1]"始",当作"殆"。

[2]此下当有"若殆于城门与于臧也",错窜于后"所义之实处于古"之下。殆,指路狭窄。臧,此处作"葬"解。

【译文】

无:礼让的人未尝多让酒,因为多饮伤身,不能多让。〔又如城门狭窄,丧葬拥挤。(亦不可让。)〕

于:石头为一物;坚、白是两种属性而同在于石,因此说对坚、白有知有不知,是可以的。

有指:您知道此物,又知道此物是我所先称举的,那所指便与我所知的重同。若您知道此物,不知是我所先举的,所知只是一。这就是有所知、有所不知了。如果知道它,就应当指出其所知告诉我知道,那么我也知道了。兼指所知与所不知,这就是"以二"了。如果横指二,直指一,这就是"三"了。如果说"必须独指我所先举的,不举我所不举的",那么,这确实不能独举。(若独举坚,则所欲指的白不达,若独指白,则所欲指的坚不传,)所想传达的意思传达不出来,意思仍是不确定的。况且您所知的是此物,我所不知的也是此物,那么此物在你我,是知而又不知(是二),怎么能是一呢?(因此,指物以示人)当兼指所知与所不知。

【原 文】

所,春也,其执固不可指也;逃臣,不智其处;狗犬,不智其名也;遗者,巧弗能两也。

智:智狗重智犬[1],则过;不重则不过。

通:问者曰:"子知飘乎[2]?"应之曰:"飘,何谓也?"彼曰"飘施",则智之。若不问"飘何谓",径应以弗智,则过。且应必应问之时,若应长应有深浅、大常中[3],在兵人长[4]。

【注 释】

[1]"智狗"下当有"不"字,误窜于下句句首,应移正。
[2]飘,据谭戒甫考证作"羁"。
[3]"大常中"当作"大小,不中"。
[4]"兵"当作"长"。

【译 文】

所:春也执守的秘固是不可实指出来的。逃臣藏匿的处所无法实指出来。狗犬(太多),不知它的名字,也无法把它实指出来。遗失的物品,就是巧匠也不可能找回第二个完全一样的物品。

智:知道狗却不能重知道犬,那是错的。如果知道狗而又重知道犬,则没有错。

通：问者说："您知道羁吗？"回答说："您说的羁指哪一个羁？"问者说："指羁施之羁。"那就明白了。如果不问"羁指哪一个羁"，就直接回答说"不知道"，那就错了。而且在应对必须适合于所问的时候，如果对方问"长是什么"？回答有"深浅之深""小大之大"，都不对，因为问的是"长人"之"长"。

【原文】

　　所：室堂，所存也。其子，存者也。据在者而问室堂[1]，恶可存也？主室堂而问存者，孰存也？是一主存者以问所存，一主所存存以问存者。

　　五：合、水、土、火、火离[2]，然火铄金，火多也；金靡炭，金多也，合之府水[3]，木离木[4]。若识麋与鱼之数，惟所利。

【注释】

[1]"在"当作"存"。
[2]"合"当作"金"，第二个"火"字当作"木"。
[3]"府"当作"成"，"合"当作"金"。
[4]下"木"字当作"土"。

【译文】

　　所：居室堂屋是其子住的地方，这是"所存"；其子是住在居室堂屋的人，这是"存者"。立足于住居室堂屋的人而问居室堂屋，当问"什么地方可以居存"？立足于居室堂屋而问存者，当问"谁在居室堂屋"？这两者一是立足于"存者"来问"所存"，一是立足于"所存"来问"存者"。

五：金、水、土、火、木是各自分离独立的。燃火能销金，是因为火多；冶金费炭，是金比炭（火）多。金生水，木附于土。如果认识麋宜居于山而鱼宜居于水这个道理，就明白了五行之间的关系取决于条件的相宜。

【原文】

无：欲恶伤生损寿，说以少连[1]，是谁爱也？尝多粟，或者欲不有能伤也，若酒之于人也。且智人利人，爱也，则唯智，弗治也。

损：饱者去余，适足不害，能害，饱。若伤麋之无脾也。且有损而后益智者，若疪病之之于疪也[2]。

智：以目见，而目以火见，而火不见。惟以五路智。久，不当以目见，若以火见。

【注释】

[1] 少连，《礼记·杂记》中所举的一位善居丧之人。
[2] 下"之"字当作"人"字。

【译文】

无：欲求与厌恶都会伤生损寿，这可以用少连善居丧究竟是爱谁来说明。吃饭多，或只是出于嗜欲，不也能伤害身体吗？这就好比酒对于人（多饮则伤身）一样。又有一种痴人，仅仅知道利人，这当也是爱，但唯有已成痴病，是无法医治的。

损：饱食的人去掉多余的食物，恰好适足，便不伤害胃的功能，害人的是过饱。比如受伤的麋鹿无脾亦无害一样。况且常常是先有减损而后益处才能见到，如患疟疾之人去掉了疟疾一样。

智：（人）用眼睛看东西，而眼睛要凭借火光才能看见，而火光本身无所谓看见。只有用五官去感知对象。时间长了，不觉得是用眼睛看东西，好像是用火光看见的了。

【原 文】

火：谓火热也，非以火之热我有，若视曰[1]。

智：杂所智与所不智而问之，则必曰："是所智也，是所不智也。"取去俱能之，是两智之也。

无：若无焉，则有之而后无。无天陷，则无之而无。

【注 释】

[1]"曰"当作"日"。

【译 文】

火：所谓火热，并不是因为火使我感到热才有热的，比如看到太阳。

智：把所知道的与所不知道的混杂在一起，而问对方知与不知，则对方必定说："这是我所知道的，那是我所不知道的。"如果取其所知和去其所不知都能做到，那就既知其所知，也知其所不知了。

无：比如说某物没有了，就必须是先有某物然后才能说它没有了。如说天陷是没有的事，那是其纯然不存在而说其无的。

【原 文】

擢[1]：疑，无谓也。臧也今死，而春也得文文死也可[2]，且犹是也。

〔且〕：且然，必然；且已，必已。且用工而后已者，必用工而后已。

均：发均县，轻重而发绝，不均也。均，其绝也莫绝。

【注 释】

[1]擢,《说文》训为"引",此处引伸为"推"。

[2]两"文"字疑皆当为"之"字。

【译 文】

擢:有疑而无可述说。臧今日死于这个原因,而春得遇此原因,其也死于此是可能的,乃至将来还是如此。

且:"且"有必然的意思,"且已",有必成的意思。且用功而后成,亦即必用功而后成。

均:一根头发所悬之物重力均衡(发不会断绝),轻重不均则发断绝,那是因为受力不均。受力均,断绝就不会发生了。

【原 文】

尧霍:或以名视人,或以实视人。举友富商也,是以名视人也;指是臛也,是以实视人也。尧之义也,是声也于今,所义之实处于古。(若殆于城门,与于臧也)[1]。

狗:狗,犬也。谓之杀犬,可。若两脢[2]。

使:令,使也。我使我,我不使,亦使我。殿戈亦使,毁不美亦使殿[3]。

荆：沈[4]，荆之贝也[5]，则沈浅非荆浅也，若易五之一。

以：楹之抟也，见之。其于意也不易[6]，先智[7]。意相也，若楹轻于秋[8]，其于意也洋然[9]。

段、椎、锥，俱事于履，可用也。成绘屦过椎，与成椎过绘屦同，过仵也[10]。

【注 释】

[1]"若殆于城门，与于臧也"当在上文"无让者酒，未让始也，不可让也"之下。

[2]"两脾"当作"甬魄"。

[3]本条错讹太多，据谭戒甫校当作："义使，义；义不使，亦义。使役；义亦使役，不义亦使役。"

[4]"沈"当作"沉"。

[5]"具"当作"有"。

[6]意，"臆"之省文。

[7]"先"当作"无"。

[8]秋，"萩"的省文，即"蒿"，可以作柱，但比楹轻。

[9]洋然，茫然无知的样子。

[10]"仵"当作"忤"。与"牾"同。过仵，意为言语逆牾。

【译 文】

尧、霍：或者是用（义的）名称显示于人，或者是用

（义的）事实显示于人。举例说，我的友人是富商，这是用名称显示人。如指着鹤说这是鹤，这是用事实显示于人。尧的大义，其义声流传于今，而所义之事实却停留在古时候。

狗：把"杀狗"叫作"杀犬"，是可以的。这就像说蛹就是魄一样。

使：是命令指使。合理的使令是合宜的，合理的不使令，也是合宜的。至于使役，合理的固然服役，不合理的也要服役。

荆：沉泽是荆楚所有的，那么沉泽浅并不就是荆楚浅狭。如同变换五与一的比例一样。

以：说房柱是圆的，这是亲眼见到的。就臆度而言，是不容易预先知道的。臆度只是一种想象。比如认为楹比荻还轻，就臆度来说，是茫然的。

段、椎、锥三种工具都用于制履，这个臆度是行得通的。如果因为"制成绘履需经过用椎"，便臆度"制成椎也需经过用绘履"，这两者是相同的，那就失当了。

【原 文】

一：五有一焉，一有五焉，十，二焉。

非：斩半，进前取也，前，则中无为半，犹端也。前后取，则端中也。斩必半，毋与非半，不可斩也。

可：无也，已给则当给，不可无也。久有穷而穷[1]。

正：丸，无所处而不中县，抟也。

伛宇不可偏举[2]，字也[3]。进行者，先敷近，后敷远。

行：者行者必先近而后远。远近，修也；先后，久也。民行修必以久也。

【注释】

[1]"而"字当作"无"。以文意考之，此五字当在后"民行修必以久也"下。
[2]"伛""宇"互倒，当作"宇伛"。
[3]"字"当作"宇"。

【译文】

一：个位上五包含一，十位上的一包含个位上的五，因为十包含两个五。

非：斫去木棒的一半，继续向前取其一半，再往前从中斫成两半，直到无法成半，好像点一样小了。再前后取舍，最终是一点，为中。砍木一定要取其一半，而"无"与"非半"，是不能斫的。

可：本来不存在的事物，已经发生了就应当存在，不能说是不存在了。时间是有穷的又是无穷的。

正：圆球无论转到什么位置其重心之垂直线总是中悬的，因为它是球体。

宇：在无穷的宇内，不可偏举一个区域作为中点。在宇内行进的人，只是以步履先布及的地方为近，以步履后布及的地方为远。

行：行路的人必定先到近处，后到远处。远近，说的是长短；先后，说的是久暂。因此，人行远路必定要花费时间。

【原文】

一：方尽类，俱有法而异，或木或石，不害其方之相合也。尽类犹方也。物俱然。

【译文】

一、方形之物无不相合，都合于方的法式而物类则可以不同，或者是木头，或者是石头，都不妨害它们在作为方形这一点上完全相合，它们的形貌是方的，一切事物都是如此。

【原文】

牛狂与马惟异[1]，以牛有齿，马有尾，说'牛之非马也'，不可。是俱有，不偏有，偏无有。曰'之与马不类'[2]，用牛有角，马无角，是类不同也。若举牛有角、马无角，以是为类之不同也，是狂举也。犹牛有齿、马有尾。

□[3]：或不非牛而非牛也，则或非牛或牛而牛也可。故曰'牛马非牛也'未可，'牛马牛也'未可。则或可或不可，而曰'牛马牛也未可'亦不可。且牛不二，马不二，而牛马二，而牛马二。则牛不非牛，马不非马，而牛马非牛非马，无难。

【注释】

[1] 此句当作"狂牛与马惟异"。
[2] "之"当作"牛"。
[3] 标题"牛"字脱。

【译文】

　　狂：如"牛与马相异"，要是用"牛有齿，马有尾"来说明"牛不是马"，就不能成立，因为它们都有齿有尾，不独是牛偏有齿而马偏没有齿，马偏有尾而牛偏无尾。又如说"牛与马不同类"，要是用"牛有角马无角"，倒是能说明牛与马有差异。但是要举"牛有角，马无角"，把这作为二者"不同类"的根据，那就是妄举了，这和前面所说的用"牛有齿，马有尾"来说明二者的差异，是一样不通的。

　　牛：或者"牛马"不是"非牛"，而"牛马"是"非牛"可以成立的话；那么"牛马"是"非牛"而"牛马"是"牛"也就可以成立了。那样一来，或者可以成立，或者不可以成立。所以，说"牛马不是牛"不可以，说"牛马是牛"

也不可以。况且,牛不是牛和马的集合,马也不是牛和马的集合,只有牛马才是牛和马的集合。那么,"牛"不是"非牛","马"不是"非马",二者的集合体"牛马"当然既不是牛又不是马了,这是不难理解的。

【原文】

彼:正名者彼此。彼此可,彼彼止于彼,此此止于此。彼此不可,彼且此也,彼此亦可。彼此止于彼此。若是而彼此也,则彼亦且此此也[1]。

唱:无过[2],无所周[3],若粺。和无过[4],使也,不得已。唱而不和,是不学也;智少而不学,必寡[5]。和而不唱,是不教也;智而不教,功适息。使人夺人衣,罪或轻或重。使人予人酒,或厚或薄[6]。

【注释】

[1] "彼"下脱一"彼"字。

[2] "过"当作"遇",通偶。

[3] "周"当作"用"。

[4] "过"当作"遇"。

[5] "必"上脱"功"字。

[6] "或"字上脱"义"字。

【译文】

彼：正名的原则在于分辨彼此。如果彼此可以分辨，那么彼彼当限于彼，此此当限于此。如果彼此不可分辨，那么彼将为此，此也可为彼，彼此当限于彼此。如果是这样以彼为此、以此为彼的话，那么彼彼也将为此此。

唱：有唱而无响应，是没有用的，好像稗子。有和但没有配合，倡导，是使之如此，不得已的。只唱而不和，那是不学；知识少而又不学，功效必差。只和而不唱，那是不教；知识多而不教，功效会逐渐丧失。让人抢夺他人衣服，夺衣的罪轻而教人夺衣的罪重。让人赠送他人美酒，赠酒的义厚而教人赠酒的义薄。

【原文】

闻：在外者所不知也。或曰："在室者之色，若是其色。"是所不智若所智也。犹白若黑也，谁胜，是若其色也？若白者必白。今也智其色之若白也故智其白也。夫名，以所明正所不智，不以所不智疑所明。若以尺度所不智长。外，亲智也。室中，说智也。

【译文】

闻：在外面（对室内的情形）是不知道的。有人说："室内的颜色像室外的这种颜色。"这是所不知的像已经知道的。比方说白色或黑色,由哪一种来充任所说的颜色呢?如果这颜色是白色,那所不知的颜色必定是白。现在已知的颜色为白色,因而可知室中的颜色为白色了。凡名称,是以它确定的含义来匡正所不知的对象,而不能用自己所不知的对象来怀疑名称的确定性。这如同用尺可以度量自己所不知道的长度。在外所知的,是亲知;在室中所知的,是经过推理而得到的知。

【原文】

以:悖,不可也。出入之言可[1],是不悖,则是有可也。之人之言不可,以当,必不审。

【注释】

[1]"出入"误,当作"之人"。

【译文】

以:悖谬是不可以的。这个人说的这句话可以,就是不悖谬,那么一定是有其可信的根据。这个人说的这句话不可以,而又被认为是正确的,这必定是不审慎造成的。

【原文】

惟:谓是霍,可,而犹之非夫霍也。谓彼是是也,不可。谓者毋惟乎其谓，彼犹惟乎其谓，则吾谓不行[1]。彼若不惟其谓，则不行也。

【注释】

[1]"不"当作"必"。

【译文】

惟：说"这是只鹤"，可以，这如同否定那只也是鹤。（因此）说那只就是这只，不可以。我说的话只限于此话的意思，他说的话也只限于此，那么我说的话就必定能通行。如果他说的话不限于此话的意思，那此话就不通行了。

【原文】

无：南者有穷则可尽，无穷则不可尽。有穷、无穷未可智，则可尽不可尽（不可尽）未可智。人之盈之否未可智[1]，而必人之可尽不可尽[2]，亦未可智；而必人之可尽爱也，悖。人若不盈先穷[3]，则人有穷也，尽有穷无难。盈无穷，则无穷尽也，尽有穷无难[4]。

【注释】

[1]"否"上"之"字衍。
[2]"必"字衍。

[3]"先"当作"无"。

[4]"有"当作"无"。

【译文】

无：南方有穷，人就可以数尽，南方无穷，人就不可以数尽。如果究竟有穷还是无穷，无法知晓，则南方之人可以数尽还是不可数尽，也无法知道了。人是否充满天下，不可知道。那必定对天下之人数可尽不可尽，也不可知道，而认为必定可以尽爱人，这就悖谬了。人如果不能充满无穷，那么人就是有穷的。尽爱有穷之人，则兼爱之说无可诘难。如果人能充满无穷，那么人就是无穷的。如此，尽爱无穷的人，则兼爱之说也无可诘难。

【原文】

不：二智其数[1]，恶知爱民之尽文也[2]？或者遗乎其问也？尽问人，则尽爱其所问。若不智其数，而智爱之尽文也[3]，无难。

仁：仁，爱也。义，利也。爱利，此也；所爱，所利，彼也。爱利不相为内外，所爱所利亦不相为外内。其为仁内也，义外也，举爱与所利也，是狂举也，若左目出，右目入。

【注　释】

［1］"二"当作"不"。

［2］"文"当作"之"。

［3］"文"亦当作"之"字。

【译　文】

不：不知道天下的人数，如何能知道他尽爱天下之人呢？或者这有失于提问的方式吧？问所有的人，也就是尽爱所问之人。如此，虽不知道天下的人数，而知道尽爱天下之人，无可诘难。

仁：仁是爱人，义是利人。爱与利由我出；所爱与所利施于人。爱与利本身不相互为内外，所爱与所利本身也不相互为内外。那种"仁为内，义为外"的说法，不过是举爱为内，又举所利为外，这是妄举。这好比两目都能视物，却要说左目所见为出（外）、右目所见为入（内）。

【原　文】

学也：以为不知学之无益也，故告之也。是使智学之无益也，是教也。以学为无益也，教，悖。

【译　文】

学也：反对者认为人们不懂得"学习是没有益处的"，所以用这句话来告诉人们。但是使人知道"学习是没有益处的",这本身就是在教人学习。把学习当作无益的事,却又在教人学习,这十分悖谬。

【原文】

论诽[1]:诽之可不可:以理之可诽,虽多诽,其诽是也。其理不可非,虽少诽,非也。今也谓多诽者不可,是犹以长论短。

〔非〕[2]:不诽,非己之诽也,不非诽。非可非也,不可非也,是不非诽也。

【注释】

[1]"论"与"诽"互倒。
[2]标题"非"原脱,当补。

【译文】

诽:论定某一批评应该不应该的原则:按照事理可以批评,那么即使批评得很多,那种批评也是正确的。按照事理不可以非议的,即使批评得很少,也是不正确的。现在有人说不可以多批评,这好比用长来论定短。

非:要想不要任何批评,就需要反对自己对批评的批评。所以不能否定批评本身。这里不是说某批评能反驳,还是不能反驳，这里说的是不能反对批评本身。

【原　文】

物：甚长、甚短。莫长于是，莫短于是。是之是也，非是也者，莫甚于是。

取：高下以善不善为度。不若山，泽处下善于处上，下所请，上也。

不是：是则是，且是焉。今是文于是[1]，而不于是[2]，故是不文是不文，则是而不文焉[3]。今是不文于是[4]，而文与是[5]，故文与是不文同说也[6]。

【注　释】

[1]"文"当作"之"。
[2]"不"下脱"之"字。
[3]三"文"字均当作"之"。
[4]"今"下"是"字衍，"文"当作"之"。
[5]"而"下脱"是"字，"文"当作"之"，"与"当作"于"。
[6]两"文"字均作"之"，"与"上脱"是"字，"是""不"互倒，当作"不是"。

【译　文】

物：极长、极短。（极长）是说没有比标准更长的，（极短）是说没有比标准更短的。而标准之为标准，也并不是绝对的标准，所以没有超越标准的绝对。

取：人品的高下要用善与不善来衡量。这与山不同，泽处下位但比山处上位好。人也是这样，下面所要求的，才是上善。

不是：是就是肯定，且必将肯定。今肯定这个"是"，而否定那个"是"，所以肯定否定中的"是"都否定了，那么整个"是"也否定了。现在否定这个"是"，而肯定那个"是"，所以肯定与否定判断相同。

卷十一

大取 第四十四

【原 文】

天之爱人也，薄于圣人之爱人也[1]；其利人也，厚于圣人之利人也。大人之爱小人也，薄于小人之爱大人也；其利小人也，厚于小人之利大人也。以臧为其亲也[2]而爱之，非爱其亲也[3]；以臧为其亲也而利之，非利其亲也。以乐为利其子，而为其子欲之，爱其子也；以乐为利其子，而为其子求之，非利其子也。

【注 释】

[1] 薄，即"溥"，普遍的意思。

[2] 臧，与"葬"通。

[3] "非"字衍。

【译 文】

上天爱人，比圣人爱人更普遍；上天利人，比圣人利人更厚重。大人爱小人，要比小人爱大人更普遍，大人为小人谋利，要比小人为大人谋利更厚重。以为丧葬是为了父母而爱厚葬，（其实）这不是对父母的爱；以为丧葬有利于父母而为之，（其实）这并不有利于父母。以为音乐对儿子有益而为儿子去爱音乐，这不是对儿子的爱；以为音乐对儿子有益而为儿子去追求音乐，这并不有利于他的儿子。

【原 文】

于所体之中而权轻重之谓权。权非为是也，非非为非也[1]，权，正也。断指以存掔[2]，利之中取大，害之中取小也。害之中取小也，非取害也，取利也。其所取者，人之所执也。遇盗人，而断指以免身，利也；其遇盗人，害也。断指与断腕，利于天下相若，无择也。死生利若一；无择也。杀一人以存天下，非杀一人以利天下也[3]；杀己以存天下，是杀己以利天下。于事为之中而权轻重之谓求。求为之，非也。害之中取小，求为义，非为义也。为暴人语天之，为是也；而性为暴人歌天之[4]，为非也。诸陈执既有所为，而我为之陈执，执之所为，因吾所为也。若陈执未有所为，而我为之陈执，陈执因吾所为也。暴人为我为天之，以人非为是也，而性不可正而正之[5]。利之中取大，非不得已也；害之中取小，不得已也。所未有而取焉[6]，是利之中取大也。于所既有而弃焉，是害之中取小也。

【注 释】

[1]首"非"字当作"亦"。
[2]挈，古文"捥"，即"腕"。
[3]"一"字衍。
[4]"性"当作"惟"。
[5]"性"当作"惟"。
[6]"所"前脱"于"字。

【译 文】

　　在具体的选择中衡量各种选择的轻重叫做"权"。"权"并不就是肯定，也并不就是否定，但它是正确的选择。比如砍断手指来保存手腕，是在利之中选择大利，在害之中选择小害。在害之中选择小害，并不是选择害处，而是取利。他所要选择的（既有大利也有小害），是因为受到别人的控制而不能自免。比如遇到强盗，砍断手指能避免杀身之祸，这是有利的一面，但遇到强盗，却又是害处。如果砍断手指与砍断手腕，对于天下人说来利益相同，那是不存在选择的。死亡与生存，如果利于天下相同，也是不存在选择的。杀一人以保存天下，并非杀死一个人利于天下；杀死自己以保存天下，是杀死自己以利天下。在所要做的事情中，衡量它们的轻重叫做"求"。主观求取的，则是不正确的。在害处之中选择小害，谋求为义，并不是真正为义。给暴戾之人讲述天志，这是对的；但为暴戾之人歌颂他的行为体现了天志，则是错误的。人们所执的各种主张已有成效，而我再为这些主张做宣扬，那么各种主张的成效，是因为我的宣扬而取得。如果各种主张未有成效，而我为之宣扬，那么各种主张就完全是因为我的宣扬才得有成效。暴戾之人因为我行天志而示人以天志，那就不是为了天志，而只是不能改正（暴戾之性）而做出样子给人看罢了。在利之中取大，不是出于不得已；而（我们）在害处之中取小害，却是出于不得已。在本来没有的（利益）中选择，是在诸利中选择大利；在已有的（害处）中有所放弃，是在诸害中选择小害。

【原 文】

　　义可厚，厚之；义可薄，薄之，谓伦列[1]。德行、君上、老长、亲戚，此皆所厚也。为长厚，不为幼薄。亲厚，厚；亲薄，薄；亲至，薄不至。义厚亲，不称行而顾行[2]。为天下厚禹，为禹也。为天下厚爱禹，乃为禹之人爱也[3]。厚禹之加于天下[4]，而厚禹不加于天下。若恶盗之为加于天下，而恶盗不加于天下。爱人不外己，己在所爱之中。己在所爱，爱加于己。伦列之爱己，爱人也。

【注释】

[1] 伦，等也；列，比也。"伦列"有差等之意，引申为顺次。
[2] "顾"当作"类"。
[3] "人爱"二字疑倒，当作"爱人"。
[4] "之"下脱"为"字。

【译文】

按照义的标准可以厚爱的就厚爱，按照义的标准可以薄待的就薄待，这叫做顺次。有德行的人、君主、老者长者、亲戚等，这些都是从义的标准看应该厚爱的。厚爱年长的，不表明要薄待年幼的。亲情厚，要厚爱；亲情薄，要薄待；但虽有至薄之亲，不能有至薄之爱。因此，从道理上说，厚爱亲人不应当称量以出，而应当根据德行类推而来。比如为了天下而厚爱禹，这只是厚爱禹自己。为了天下厚爱禹，是因为禹有厚爱天下之人的品行。那么厚爱禹的品行也就是施爱于天下之人了,而厚爱禹本人并不能施爱于天下之人。这就像厌恶强盗的行为才能施爱于天下之人,仅仅是厌恶强盗本人并不能施爱于天下之人。爱别人不排斥爱自己,自己也在所爱的人之中。既然自己也在所爱的人之中,所以爱也施加于自己。根据顺次爱己,这就是爱人也。

【原　文】

圣人恶疾病,不恶危难。正体不动,欲人之利也,非恶人之害也。圣人不为其室。臧之故,在于臧。圣人不得为子之事。圣人之法,死亡亲,为天下也。厚亲,分也;以死,亡之,体渴兴利[1]。有厚薄而毋伦列,之兴利,为己。

【注　释】

[1] 渴,竭也。

【译　文】

圣人厌恶疾病,却不惧怕危险和困难。他们之所以能志坚不移,乃是希望人人得到利益,不是惧怕人们遭受的危害。圣人不致力于自己的家室。葬的意义也仅仅是在于埋葬。圣人为天下谋利,往往不能尽做儿子的孝心。圣人的原则是:父母过世后，丧葬要服从兴天下之利的大业。厚爱父母，是做儿子的本分；父母过世后，则应该竭尽全力为天下兴利。爱有外在之厚薄而无内在之差等，为天下人兴利，也就是为己兴利。

【原文】

语经。

语经也，非白马焉，执驹焉，说求之，舞说[1]，非也。渔大之舞大[2]，非也。三物必具，然后足以生。臧之爱己，非为爱己之人也。厚不外己，爱无厚薄。举己，非贤也。义，利；不义，害。志功为辩。有有于秦马，有有于马也，智来者之马也。爱众众世与爱寡世相若[3]，兼爱之有相若。爱尚世与爱后世，一若今之世人也。鬼，非人也；兄之鬼，兄也。天下之利欢。圣人有爱而无利，倪日之言也[4]，乃客之言也。天下无人，子墨子之言也犹在。不得已而欲之，非欲之也。非杀臧也[5]。专杀盗，非杀盗也。（凡学爱人[6]。）

【注释】

[1]"舞"当作"无"。
[2]"渔大之舞大"当作"杀犬之无犬"。
[3]衍一"众"字。
[4]"倪日"当作"儒者"。

[5]"非杀臧也"上脱"专杀臧"三字。

[6]"学"疑当作"誉",本句当在下"利人也"前,误窜于此。

【译文】

《语经》中说,白马不是马,孤驹不曾有母。推论这两个命题,没有正当的依据,因而不成立。又如说"杀狗不是杀犬",也不成立。故、理、类三者具备,然后才能形成正确命题。仆人爱自己,不是爱己及人。厚爱别人,也不排除自己,爱本无厚薄之分。只举荐自己,不是贤人的作为。义,就是利;不义,就是害。但义与不义的区别,必须根据实际效果来判定。朋友有秦马,即朋友有马,由此知道朋友牵来的是马。爱众世与爱寡世一样,因为都要爱世上所有的人。爱上世之人与爱后世之人,也与爱今世之人是一样的。人的鬼,并不是人;哥哥的鬼,却是哥哥。天下的人都欢喜利,圣人只知爱人而不知利,这是儒者的说法,是与(墨者)对立的说法。即便天下没有人迹了,墨子所倡导的兼爱的道理,也依然存在。不得已而要这样做,并不是真想这样做。擅自杀死男仆,那就不只是杀男仆;擅自杀盗,那就不只是杀盗。

【原文】

小圆之圆与大圆之圆同。方至尺之不至也,与不至钟之至不异[1]。其不至同者，远近之谓也。是璜也，是玉也。意楹，非意木也，意是楹之木也。意指之人也[2]，非意人也。意获也，乃意禽也。志功，不可以相从也。

【注释】

[1]"方"当作"不"，"至不"当作"不至"，"钟"，当为"千里"。
[2]当作"意人之指也"。

【译文】

小圆的圆与大圆的圆同是圆。不到一尺之地的不到，与不到千里之地的不到，其"不到"固然有异，但都为"不到"又是相同的，其间只是远近的不同罢了。比如璜虽是半璧，但也是玉。臆度柱子，不是臆度木头，而仅仅是臆度这个柱子的木头。臆度人的手指，不等于臆度人。臆度猎获物，却包含臆度所猎获的禽鸟。所以动机（志）与功效，不总是一致的。

【原文】

利人也[1]，为其人也。富人，非为其人也，有为也以富人。富人也，治人，有为鬼焉。为赏誉利一人，非为赏誉利人也，亦不至无贵于人[2]。智亲之一利，未为孝也，亦不至于智不为己之利于亲也。智是之世之有盗也[3]，尽爱是世。智是室之有盗也，不尽是室也[4]。智其一人之盗也，不尽是二人[5]。虽其一人之盗，苟不智其所在，尽恶其弱也[6]。

【注释】

[1]"利人也"上当有"凡誉爱人"四字，错窜在"非杀盗也"下。

[2]"贵"当作"赏誉"。

[3]上"之"字衍。

[4]"不尽"下脱"恶"字。

[5]"不尽"下脱"恶"字。

[6]"弱"疑当作"朋"。

【译文】

〔凡称誉别人、爱人、〕利人，是为了那个人。使某人富有，并非为了这个人，而是为着某种目的才使他富有的。使某人富有的目的，是为了治理人，又为了侍奉鬼。奖赏和赞誉使一人得利，不等于奖赏赞誉而使一切人得利，但也不能因此取消奖赏和赞誉。只知道做仅仅有利于父母的事，不能算是孝子，但也不能因此不做利于父母的事。知道这个世上有强盗，但仍要爱世上所有的人。知道此屋中有强盗，不能憎恶此屋中所有的人。知道两人中有一是强盗，不能对这两个人都憎恶。虽然有一人是强盗，如果不知道这个强盗在哪里，那就不能憎恶他的所有朋友。

【原文】

诸圣人所先，为人欲名实[1]。名[2]，实不必名。苟是石也白，败是石也，尽与白同。是石也唯大，不与大同，是有便谓焉也。以形貌命者，必智是之某也，焉智某也。不可以形貌命者，唯不智是之某也，智某可也。诸以居运命者，苟人于其中者[3]，皆是也，去之因非也。诸以居运命者，若乡里齐荆者，皆是。诸以形貌命者若山丘室庙者，皆是也。

【注释】

[1]"欲"当作"效"。
[2]"名"下脱"不必实"三字。
[3]"人"当作"入"。

【译文】

圣人们首先要做的是正名实。有名不一定有实，有实也不一定有名。如果这块石头是白色的，即使将石头打碎，所有的碎块仍都是白色的石头。这块石头很大，（将它打碎后，碎石块不能叫做大石，）大石头不能等同于大，石头的大，是相对而言的。以形貌来命名的具体事物，必须知道它是什么样子的，才能（由名称）知道它是某种事物。不能用形貌命名的东西，虽然不知道它是什么样子，也可以（由名称）知道它是什么。那些因居住或迁徙而得名的，假如人在所处之地，就称他为此处之人，如果离开这个地方，就不能这样命名了。那些用居住或迁徙处命名的，如乡里、齐人、荆人等都是。那些用形貌命名的，如山、丘、室、庙等都是。

【原文】

智与意异。重同，具同，连同，同类之同，同名之同，丘同，鲋同，是之同，然之同，同根之同。有非之异，有不然之异。有其异也，为其同也，为其同也异。一曰乃是而然，二曰乃是而不然，三曰迁，四曰强。子深其深，浅其浅，益其益，尊其尊[1]。察次山比因[2]，至优指复[3]。次察声端名[4]，因请复[5]。正夫辞恶者[6]，人右以其请得焉[7]。诸所遭执，而欲恶生者，人不必以其请得焉。

【注释】

[1] 尊，俞樾说，"尊"，当读为"劋"，减损的意思。
[2] "察次"当作"察盗"，"因""至"互倒，"山比至"当作"止此室"。
[3] "优"字衍，"复"当作"得"。

[4]"次察"亦当作"察盗","端"当作"揣"。

[5]"因请复"当作"因请得"。

[6]"正"当作"匹"。

[7]"右"当作"有"。

【译文】

　　知识与意识不同。(同的种类:)(二名一实的)重同、(同处一所的)具同、(同属一体的)连同、(同为一类的)类同、(同为一名的)同名之同、(杂集并包的)丘同、(同附一物的)鲋同,同为此物之同、同被肯定之同、同一根本之同。(异的种类):不是此物之异、相否定之异。之所以有异,是因为有同,正因为有异,所以才有同。(与同异关系相应,又有四种判断:)第一种判断是(同或异)实际也是,第二种判断是(同或异)而实际不是,第三种判断是指以前是而现在不是,第四种判断是非同而同、非异而异,强以为同异。(对名称的含义)该深入解释的深入解释,该浅显简释的浅显解释,该补充内容的补充内容,该删减内容的删减内容。发现强盗逗留在这间屋子里,因为有人指点而得知的。查问强盗的话声而得其姓名,是因为审问实情而得知的。匹夫言辞虽然粗恶,但人们可以(从中)得知实情。对那些遭到囚执而厌生的人,别人就不一定能得知实情了。

【原 文】

圣人之附濆也，仁而无利爱。利爱生于虑。昔者之虑也，非今日之虑也；昔者之爱人也，非今之爱人也。爱获之爱人也，生于虑获之利。虑获之利，非虑臧之利也；而爱臧之爱人也，乃爱获之爱人也。去其爱，而天下利，弗能去也[1]。昔之知墙，非今日之知墙也[2]。贵为天子，其利人不厚于正夫[3]。二子事亲，或遇孰，或遇凶，其亲也相若[4]，非彼其行益也，非加也，外执无能厚吾利者[5]。借臧也死而天下害，吾持养臧也万倍，吾爱臧也不加厚。

【注 释】

[1]"去"上脱"不"字。

[2]"知墙"，疑当作"知啬"。

[3]"正夫"当作"匹夫"。

[4]"亲"上脱"利"字。

[5]外执，"执"当作"埶"，意为外物、外在因素。

【译 文】

圣人抚育群生，只有仁慈而不讲求利人爱人。利人爱人之心产生于谋虑。从前所谋虑的并非今日所谋虑的；从前爱人（的境界），并非今日爱人（的境界）。爱获这一类的爱人，产生于谋求获之利。谋求获的利益，不是谋求臧的利益；而爱臧这一类的爱人，也就是爱获这一类的爱人。如果抛弃一己之所爱而能有利于天下，那就不能不割爱了。从前知道节俭，不等于现在知道节俭。贵为天子，他给人带来的利益也不比普通人更厚重。两个儿子事奉父母，一个遇到丰年，一个遇到凶年，他们给予父母的利益是一样的，这并不是他事亲的行为有增益，也不是爱心加厚，因为外在因素不能使我为父母谋利之心再加厚。假使臧死了对天下有害，我持养臧将比从前好万倍，但对臧的爱并不加厚。

【原文】

长人之异，短人之同[1]，其貌同者也，故同。指之人也与首之人也异，人之体非一貌者也，故异。将剑与挺剑异，剑以形貌命者也，其形不一，故异。杨木之木与桃木之木也，同。诸非以举量数命者，败之尽是也。故一人指，非一人也；是一人之指，乃是一人也。方之一面，非方也，方木之面，方木也。

【注释】

[1]"长人之异短人之同"当作"长人之与短人也同"。

【译文】

高个子的人与矮个子相同，他们的外形相同，所以说他们相同。人的手指和人的头不一样,因为人体(手指、人头)不是形貌,所以不相同。持剑和拔剑不同,剑是以形貌来命名的,这两种(持剑和拔剑)的形态不一样,所以不同。杨树的木与桃树的木同是木。许多不是用称举数量来命名的事物,即使解体了,却依然都和解体前的整体称谓相同。一个人的手指,并非是某一个人;但肯定一个人的手指,就是肯定一个人。正方体的一面并不是正方体,但方木的一面却就方木。

【原文】

以故生[1],以理长,以类行也者[2]。立辞而不明于其所生,忘也[3]。今人非道无所行,唯有强股肱而不明于道,其困也,可立而待也。夫辞以类行者也,立辞而不明于其类,则必困矣。故浸淫之辞,其类在鼓栗[4]。圣人也,为天下也,其类在于追迷[5]。或寿或卒,其利天下也指若[6],其类在誉石[7]。一日而百万生,爱不加厚,其类在恶害。爱二世有厚薄,而爱二世相若,其类在蛇文。爱之相若,择而杀其一人,其类在阮下之鼠[8]。小仁与大仁,行厚相若,其类在申[9]。凡兴利除害也,其类在漏雍[10]。厚亲不称行而类行,其类在江上井[11]。不为己之可学也,其类在猎走。爱人非为誉也,其类在逆旅[12]。爱人之亲若爱其亲,其类在官苟。兼爱相若,一爱相若，一爱相若[13]，其类在死也。

【注释】

[1]"以"上脱"夫辞"。

[2]"也者"当作"者也"。

[3]"忘"当作"妄"。

[4]栗，战栗，引申为使人恐惧。

[5]追迷，追正迷惑，引申为追求正义。

[6]"指"当作"相"。

[7]"石"当作"名"。

[8]阮下之鼠，阮，虚也，即墟。

[9]"申"当作"田"。

[10]甕之害在漏，除去漏水，得汲水之利。

[11]井水与江水同为水，不在水之多少。

[12]声誉只是借宿之旅舍。

[13]"一爱相若"四字衍。

【译文】

　　判断是由一定原因而产生的，又通过事理而呈现，借助类的推演而通行。如果确立了某一判断而不明白它产生的根据，那一定是虚妄的。人们没有道路就不能行走，即便有强健的四肢，而道路不明确，也必定立即陷入困境。判断是以类来推演的，确立某一判断却不明白它的类别，就必定行不通。因此，混杂悖乱之言辞，属于激人恐惧的一类。圣人是为天下谋利的，属于追寻正义的一类。或者长寿，或者短命，但为天下谋利的目的一致，同属于美名一类。一日之中，使百万人生存，但爱不因此而加厚，同属于憎恶祸害一类。爱上世与后世，有厚薄之不同，但爱上世与后世的爱一样，这与蛇纹同类。对众人的爱一样，有选择地杀死其中一个人，这与杀死墟下的老鼠一样（因为这个危害天下）。小人和大人德行淳厚相同，这如同同一块田里生长的庄稼。凡是兴利除害之事，都与漏瓮同类。厚爱父母不应当称量以出，而应当根据德行推类而来，这与江上井同类。自己可以学而不愿去，这与猎走同类。爱人并不是为了个人的声誉，这如同在途中旅舍住宿一样。爱别人的父母，如同爱自己的父母，就像处理官事如家事一样。对所有的人都同样去爱，对具体的一个人也同样爱，这与死同类。

小取 第四十五

【原文】

夫辩者，将以明是非之分，审治乱之纪，明同异之处，察名实之理，处利害[1]，决嫌疑。焉摹略万物之然[2]，论求群言之比，以名举实，以辞抒意[3]，以说出故[4]。以类取,以类予。有诸己不非诸人,无诸己不求诸人。

【注释】

[1] 处利害,处,名也,使人明白,引伸为"判别"。
[2] 焉,乃也。
[3] 辞,指判断。
[4] 说,指推论。

【译文】

论辩的目的,是要通过论辩来明确是非的分别,详审治乱的纲纪,弄清同异的所在,明察名实的原理,判别利害,决断嫌疑。因此,必须描写万物本然的样子,推求众家言论的类别,用名称来标举实物,用判断来表达思想,用推论来揭示原因。根据事物的类别进行归纳,根据事物的类别进行演绎。自己立论有根据,也不要以自己的根据反对别人提出的根据;自己没有根据,也不要强求别人提出根据。

【原文】

或也者[1],不尽也。假者[2],今不然也。效者[3],为之法也。所效者,所以为之法也。故中效,则是也;不中效,则非也,此效也。辟也者[4],举也物而以明之也。侔也者[5]，比辞而俱行也。援也者[6]，曰："子然，我奚独不可以然也？"推也者[7]，以其所不取之同于其所取者，予之也。"是犹谓"也者，同也。"吾岂谓"也者，异也。

【注释】

[1] 或，或然。

[2] 假，假设。

[3] 效，仿效。

[4] 辟，同"譬"，比喻。

[5] 侔，《说文》："侔，齐等也。"指辞义相同，比照参引以证明。

[6] 援，引也。

[7] 推，推论求证。

【译文】

或者如此，是不完全如此。假使如此，是现在并非如此。效，是确立标准。所效，是以效法的对象为标准。因此，符合标准的就正确，不符合标准的就不正确，这就是"效"。譬喻，是列举他物来说明所要讨论的此物。侔，是意思相同的言辞可以互相引证。援引，是说："你可以这样说，我怎么就不可以这样说呢？"类推，是利用对方所不赞同的而又是和他主张的命题同类的命题进行推论。"是犹谓"的含义，是用来表示含义相同;"吾岂谓"的含义,是用来表示含义不相同。

【原文】

夫物有以同而不率遂同。辞之侔也,有所至而正。其然也,有所以然也。其然也同,其所以然不必同。其取之也,有所以取之。其取之也同,其所以取之不必同,是故辟、侔、援、推之辞,行而异,转而危[1],远而失,流而离本,则不可不审也,不可常用也。故言多方,殊类、异故,则不可偏观也。

【注释】

[1]危,通"诡"。

【译文】

事物有相同的方面,但不是所有的方面都相同。所以引证相同的言辞来说明自己的辞义;必须是在一定限度内才是正确的。事物是如此的,有它所以如此的原因。虽然事物同是如此,但事物所以如此的原因不必相同。列举出来的事物,有它所以被列举的原因。虽然列举事物以进行论证是相同的,但所以列举的原因不必相同。因此,譬喻、侔辞、援引、类推等言辞,使用中会产生差异,会转为诡辩,会离开太远而发生错误,以至于脱离了根本,这就不能不审慎从事,就不能随便使用了。所以，使用言辞的方法很多，事物有不同的类别，原因也各不相同，那么就不能偏执于一个方面来看待了。

【原　文】

夫物或乃是而然，或是而不然，或一周而一不周，或一是而一（不是也，不可常用也。故言多方，殊类异故，则不可偏观也。）非也[1]。

【注　释】

[1] 王引之曰此本作"或一是而一非也"，当以"非也"二字接"或一是而一"。"不是也，不可常用也。故言多方，殊类异故，则不可偏观也"为衍文。

【译　文】

推论事物有的前提肯定，结论也肯定；有的前提肯定，但结论是否定的；或者一个涵盖周遍而另一个涵盖不周遍；或者某一方面是正确的，而另一方面是错误的。

【原　文】

白马，马也；乘白马，乘马也，骊马[1]，马也；乘骊马，乘马也。获[2]，人也；爱获，爱人也。臧[3]，人也；爱臧，爱人也。此乃是而然者也。

【注释】

[1] 骊，马深黑色。
[2] 获，《方言》："荆、淮、海、岱，襍齐之间……骂婢曰获。"
[3] 臧，《方言》："荆、淮、海、岱，襍齐之间，骂奴曰臧。"

【译文】

白马是马，骑白马就是骑马。黑马是马，骑黑马就是骑马。女奴是人，爱女奴就是爱人。男仆是人，爱男仆就是爱人。这就是前提为肯定，结论也必为肯定的例子。

【原文】

获之亲，人也；获事其亲，非事人也。其弟，美人也；爱弟，非爱美人也。车，木也；乘车，非乘木也。船，木也；人船，非人木也[1]。盗人，人也；多盗，非多人也；无盗，非无人也。奚以明之？恶多盗，非恶多人也；欲无盗，非欲无人也。世相与共是之。若若是[2]，则虽"盗人，人也；爱盗非爱人也；不爱盗，非不爱人也；杀盗人，非杀人也"，无难盗无难矣[3]。此与彼同类。世有彼而不自非也,墨者有此而非之。无也故焉,所谓内胶外闭与心毋空乎内胶而不解也。此乃是而不然者也。

【注 释】

[1]两"人"字均当作"人"。
[2]若若是,前一"若"为"若使",后一"若"为"此"。
[3]"盗无难"三字衍。

【译 文】

　　女婢的母亲是人,女婢事奉她的父母不等于事奉人。女婢的弟弟是美人,女婢爱她的弟弟不等于爱美人。车是木头做的,乘车并不等于乘木头。船是木头做的,进入船内不等于进入木头。强盗是人,强盗多不等于人多;没有强盗不等于没有人。根据什么来说明这一点呢?憎恶强盗多,并不是憎恶人多,希望没有强盗,并不是希望没有人。一般人都认为这是对的。如果这确实是对的,那么,虽主张"强盗是人,爱强盗并不是爱人,不爱强盗也并不是不爱人,杀强盗也并不是杀人",也就不难成立了。因为后者与前者属于同一类命题。然而,一般人主张前者,并不认为自己不对,墨家主张后者却被认为是错的。这别无缘故,无非是所谓的"内心固执,耳目闭塞"和"腹内空空,冥顽不化"。这就是前提为肯定,结论为否定的例子。

【原 文】

　　且夫读书[1]，非好书也[2]。且斗鸡，非鸡也[3]；好斗鸡，好鸡也。且入井，非入井也；止且入井，止入井也。且出门，非出门也；止且出门，止出门也。若若是，"且夭，非夭也；寿夭也[4]。有命，非命也；非执有命，非命也"，无难矣。此与彼同类。世有彼而不自非也，墨者有此而罪非之[5]。无也故焉，所谓内胶外闭与心毋空乎内胶而不解也。此乃是而不然者也[6]。

【注 释】

[1] "且夫"，"夫"字衍。
[2] "非"下脱"读书也，好读书"六字。
[3] "非"下脱"斗"字。
[4] 当重"夭"字。
[5] "罪"字衍。
[6] "不"字当在"乃"字下，今误窜在"而"字下。当移正。

【译 文】

　　将要读书，并不是读书；喜好读书，就是喜好书。将要斗鸡，并不是斗鸡；喜好斗鸡，就是喜好鸡。将要跳井，并不是跳井；阻止人将要跳井，就是阻止人跳井。将要出门，并不是出门；阻止人将要出门，就是阻止人出门。如果这些确实是对的，那么，虽主张"将要夭折，并不是夭折，寿终才是夭折；认为夭寿有命，不是有命；反对持'有命'，却就是'非命'"，也就不难成立了。因为后者与前者属于同一类命题。然而，一般人主张前者，并不认为自己不对，墨家主张后者却被认为是错的。这别无缘故，无非是所谓的"内心固执，耳目闭塞"和"腹内空空，冥顽不化"。这就是前提为否定，结论为肯定的例子。

【原文】

爱人，待周爱人而后为爱人。不爱人，不待周不爱人？不周爱，因为不爱人矣。乘马，不待周乘马，然后为乘马也；有乘于马，因为乘马矣。逮至不乘马，待周不乘马而后为不乘马。此一周而一不周者也。

【译文】

爱人，必待普遍地爱所有的人，然后才算是爱人。不爱人，却不必待普遍地不爱人，才算是不爱人。不普遍地爱所有的人，也就是不爱人。骑马，不必待普遍地骑了所有的马，然后才算是骑马；只要骑上一匹马，就算是骑马了。至于不骑马，必待普遍地不骑任何马，然后才算是不骑马。这就是某一方面要求周遍而某一方面不要求周遍的例子。

【原文】

居于国则为居国，有一宅于国，而不为有国。桃之实，桃也；棘之实[1]，非棘也。问人之病，问人也；恶人之病，非恶人也。人之鬼，非人也；兄之鬼，兄也。祭人之鬼，非祭人也；祭兄之鬼，乃祭兄也。之马之目盼[2]，则为之马盼；之马之目大，而不谓之马大。之牛之毛黄，则谓之牛黄；之牛之毛众，而不谓之牛众。一马，马也；二马，马也，马四足者，一马而四足也，非两马而四足也。一马，马也[3]。"马或白者"，二马而或白也，非一马而或白。此乃一是而一非者也。

【注释】

[1] 棘之实，小枣。
[2] "盼"当作"眇"，下同。
[3] "一马马也"，四字衍。

【译文】

在某国内居住，就是居住在某国；在某国内有一套住宅，却不能说是拥有某一国家。桃的果实是桃，棘的果实却不是棘。问候人的病，是问候人；厌恶人的病，却不是厌恶人。人的鬼魂，不是人；哥哥的鬼魂，却是哥哥。祭祀人的鬼魂，不是祭祀人；祭祀哥哥的鬼魂，却是祭祀哥哥。此马的眼睛瞎了，就说"这是匹瞎马"；此马的眼睛大，却不能说"这是匹大马"。此牛的毛色黄，就说"这是头黄牛"；此牛的毛多，却不能说"此牛多"。一匹马，是马；两匹马，还是马。"马有四条腿"，是说一匹马有四条腿，不是说两匹马共有四条腿。"马有白的"，是说两匹马中有一匹是白色的"，不是说一匹马有白色。这就是某一方面是正确的，而某一方面是不正确的例子。

耕柱第四十六

【原 文】

子墨子怒耕柱子。耕柱子曰："我毋俞于人乎[1]？"子墨子曰："我将上大行，驾骥与羊，子将谁殴？"耕柱子曰："将殴骥也。"子墨子曰："何故殴骥也？"耕柱子曰："骥足以责。"子墨子曰："我亦以子为足以责。"

【注 释】

[1] 俞，通逾，胜过。

【译文】

墨子生耕柱子的气。耕柱子说:"难道我不比别人还强一些吗?"墨子说:"(假如)我将要上太行山,可以用骏马驾车,也可以用羊驾车,你准备驱策哪一种呢?"耕柱子说:"应该驱策骏马。"墨子说:"为什么要驰策骏马呢?"耕柱子说:"因为骏马足以担当重任。"墨子说:"我也认为你足以担当重任。"

【原文】

巫马子谓子墨子曰:"鬼神孰与圣人明智?"子墨子曰:"鬼神之明智于圣人,犹聪耳明目之与聋瞽也。会者夏后开使蜚廉折金于山川[1],而陶铸之于昆吾;是使翁难雉乙卜于白若之龟[2],曰:'鼎成三足而方[3],不炊而自烹,不举而自臧,不迁而自行,以祭于昆吾之虚,上乡!'乙又言兆之由曰[4]:'乡矣!逢逢白云,一南一北,一西一东[5],九鼎既成,迁于三国。'夏后氏失之,殷人受之;殷人失之,周人受之。夏后殷周之相受也,数百岁矣。使圣人聚其良臣,与其桀相而谋[6],岂能智数百岁之后哉?而鬼神智之。是故曰,鬼神之明智于圣人也,犹聪耳明目之与聋瞽也。"

【注释】

[1]"川"字衍。

[2]"翁"当作"嗌",即"益"字;"难"乃"斲"之讹,与"斲"音义同;乙"当作"已"。

[3]"三"当作"四"。

[4]"乙"当作"已"。

[5]"一西一东"当作"一东一西"。

[6]桀,通"杰"。

【译文】

巫马子问墨子说:"鬼神与圣人比,谁更加明智?"墨子说:"鬼神的明智比之于圣人的明智,犹如聪耳明目比之于聋盲一样。从前夏后启使蜚廉到山里去开采铜矿,在昆吾陶铸成鼎;叫伯益杀鸡,把血洒在'白若'之龟身上以占卜,说道:'鼎铸成了,四足而方形,不用炊火而自己烹食,不用举物入内而其中自有东西存在,不用迁徙而自己就会行走。用它在昆吾之乡祭祀,请神享食祭品吧!'伯益接着又念卦上的占辞,说:'神已经享食了祭品。那蓬蓬的白云,一会儿向南,一会儿向北,一会儿向西,一会儿向东,九鼎铸成之后,将于夏、商、周三代相传。'后来夏后氏失掉了九鼎,殷人接受了它;殷人失掉了九鼎,周人又接受了它。夏后氏、殷商和周相继承受九鼎,已经几百年了。假如让圣人聚集他的贤臣,和他杰出的宰相，一起来谋划，又怎能预知到几百年以后的事呢？可是鬼神却能预知未来。所以说：'鬼神的明智比之于圣人的明智，犹如聪耳明目比之于聋盲一样。'"

【原文】

治徒娱、县子硕问于子墨子曰："为义孰为大务？"子墨子曰："譬若筑墙然，能筑者筑，能实壤者实壤，能欣者欣[1]，然后墙成也。为义犹是也，能谈辩者谈辩，能说书者说书，能从事者从事，然后义事成也。"

【注释】

[1] 欣，即"掀"。

【译文】

治徒娱和县子硕向墨子问道："行义之事，什么是最重要的？"墨子说："这好比筑墙一样，能筑土的筑土，能实土的实土，能挖土的挖土，那样墙才可以筑成。行义之事也是如此，能论说谈辩的论说谈辩，能解释书典的解释书典，能身体力行的身体力行，这样，行义之事也就成功了。"

【原文】

巫马子谓子墨子曰："子兼爱天下，未云利也；我不爱天下，未云贼也。功皆未至，子何独自是而非我哉？"子墨子曰："今有燎者于此，一人奉水将灌之，一人掺火将益之，功皆未至，子何贵于二人？"巫马子曰："我是彼奉水者之意，而非掺火者之意。"子墨子曰："吾亦是吾意，而非子之意也。"

【译 文】

　　巫马子对墨子说："你兼爱天下的人，也没有什么利；我不爱天下的人，也没有什么害。功效都没有达到圆满的程度，那你为什么却自以为是而非难我呢？"墨子说："现在这里有人在放火，一个人捧着水要灭火，另一个人却拨火要助长火势，但是二人的功效都没达到，你将看好这两个人中的哪一个呢？"巫马子说："我以为那个捧水的人用意是对的，而那个助长火势的人用意是不对的。"墨子说："我也认为我的用意是对的，而认为你的用意是不对的。"

【原 文】

　　子墨子游荆耕柱子于楚[1]，二三子过之，食之三升，客之不厚。二三子复于子墨子曰："耕柱子处楚无益矣。二三子过之，食之三升，客之不厚。"子墨子曰："未可智也。"毋几何而遗十金于子墨子曰："后生不敢死，有十金于此，愿夫子之用也。"子墨子曰："果未可智也。"

【注　释】

[1]"荆"字衍。

【译　文】

墨子推荐耕柱子到楚国去做官，有一次，几位同门弟子路过那里，前去看望他，可是他一日三餐只供给三升米做饭，款待得不丰盛。于是，这几位同门弟子回来告诉墨子说："耕柱子在楚国毫无益处，弟子们到那里去，每天只供给三升米，款待得不丰盛。"墨子说："仅凭这一点还无法断定。"没有多久，耕柱子赠送了十镒黄金给墨子，说："（夫子在，）弟子不敢死。这里有十镒黄金，请夫子留着用吧。"墨子说："果然（你们所说的）还无法断定啊！"

【原　文】

巫马子谓子墨子曰："子之为义也，人不见而耶[1]，鬼而不见而富[2]，而子为之。有狂疾！"子墨子曰："今使子有二臣于此，其一人者见子从事，不见子则不从事；其一人者见子亦从事，不见子亦从事，子谁贵于此二人？"巫马子曰："我贵其见我亦从事，不见我亦从事者。"子墨子曰："然则，是子亦贵有狂疾也。"

【注 释】

[1]"耶"字义不可通,乃"服"之讹。
[2]"富"读作"福","福""富",古字通。

【译 文】

　　巫马子对墨子说:"你奉行道义,人们看不见你行义,不服从你;鬼神看不见你行义,不降福给你,可是你却仍然这样做,恐怕是有疯病吧。"墨子说:"现在假使你有两个家臣,其中一个看见你来就做事,不见你来时就不做事;另一个看见你来时做事,不见你来时也做事,你将看重他们当中的哪一个呢?"巫马子说:"我当然是看重那个见不见我来也做事的人了。"墨子说:"那么你也是看重有疯病的了。"

【原 文】

　　子夏之徒问于子墨子曰:"君子有斗乎?"子墨子曰:"君子无斗。"子夏之徒曰:"狗豨犹有斗,恶有士而无斗矣?"子墨子曰:"伤矣哉!言则称于汤文,行则譬于狗豨,伤矣哉!

【译 文】

　　子夏的弟子问墨子道:"君子之间有争斗吗?"墨子说:

"君子是没有争斗的。"子夏的弟子说:"猎狗还有争斗,士君子哪能没有争斗呢?"墨子说:"可悲啊!你们口头上称颂商汤和文王,行为却与猪狗相类比,可悲啊!"

【原文】

巫马子谓子墨子曰:"舍今之人而誉先王,是誉槁骨也。譬若匠人然,智槁木也,而不智生木。"子墨子曰:"天下之所以生者,以先王之道教也。今誉先王,是誉天下之所以生也。可誉而不誉,非仁也。"

【译文】

巫马子对墨子说:"舍弃今世的人而称誉死去的先王,这是在称誉枯骨啊!这好比木匠一样,只知道有枯木存在,却不知道还有活生生的树木。"墨子说:"天下之所以能生存不息,就是因为有先王的道德训诫。现在称誉先王,也就是称誉天下之所以生存不息的根本,应该去称誉的不去称誉,那就不仁了。"

【原文】

子墨子曰:"和氏之璧[1],隋侯之珠[2],三棘六异[3],此诸侯之所谓良宝也。可以富国家,众人民,治刑政，安社稷乎？曰不可。所谓贵良宝者，为其可以利也。而和氏之璧、隋侯之珠、三棘六异，不可以利人，是非天下之良宝也。今用义为政于国家，人民必众，刑政必治，社稷必安。所为贵良宝者，可以利民也，而义可以利人，故曰，义天下之良宝也。"

【注释】

[1] 和氏之璧，《韩非子·和氏篇》："楚人和氏得玉璞楚山中，奉而献之厉王；厉王使玉人相之，曰：'石也'。王以和为诳，而刖其左足。及……武王即位，和又……献之武王，使玉人相之，又曰'石也'。王……刖其右足。……文王即位……乃使玉人理其璞而宝焉，遂命曰：'和氏之璧。'"

[2] 隋侯之珠，《淮南子·觉冥训》："隋侯见大蛇伤断，以药敷之。后蛇……衔大珠以报之，因曰'隋侯之珠'。"

[3] 棘，通"翮"，鼎空足为"翮"；六翼，即六耳。

【译文】

墨子说："和氏的玉璧、隋侯的明珠、三翮六翼（或三足六耳）的鼎，这就是诸侯们所说的良宝。良宝可以使国家富裕，人口增多、刑政治理，社稷安定吗？我说不能。所谓要看重良宝，是因为它可以带来实际利益，而和氏的玉璧、隋侯的明珠、三翮六翼（或三足六耳）的鼎，不能够给人带来实际利益，那就不是天下的良宝。如果现在用道义去治理国家，人口必定众多，刑法政治必定清明，社稷必定安定。我们所以要看重良宝，是因为它可以给人民带来实际利益，而道义可以给人民带来实际利益，所以说：道义才是天下的良宝。"

【原文】

叶公子高问政于仲尼曰："善为政者若之何？"仲尼对曰："善为政者，远者近之，而旧者新之。"子墨子闻之曰："叶公子高未得其问也，仲尼亦未得其所以对也。叶公子高岂不知善为政者之远者近也而旧者新是哉？问所以为之若之何也。不以人之所不智告人，以所智告之，故叶公子高未得其问也，仲尼亦未得其所以对也。"

【译文】

叶公子高向孔子询问治政之道说："善于治理政务的人该是怎样的呢？"仲尼回答道："善于治理政务的人，要使远臣亲近，待旧人如新交。"墨子听到后说："叶公子高问的不得要领，仲尼答的也不得要领。叶公子高难道不知道，善于治理政务的人，要使远臣亲近，待旧人如新交吗？他实际要问的是为政应该怎样做。仲尼不去告诉人家不知道的东西，而去告诉人家已经知道的东西，因此，叶公子高问的不得要领，仲尼答的也不得要领。"

【原 文】

子墨子谓鲁阳文君曰:"大国之攻小国,譬犹童子之为马也。童子之为马,足用而劳。今大国之攻小国也,攻者农夫不得耕,妇人不得织,以守为事;攻人者,亦农夫不得耕,妇人不得织,以攻为事。故大国之攻小国也,譬犹童子之为马也。"

【译 文】

墨子对鲁阳文君说:"大国攻打小国,好比小孩子两手撑地做马行一样。小孩子做马行,使自己很劳累。如今大国攻打小国,被攻打的一方,农夫不能耕地,妇女不能织衣,大家都忙于防守事务;攻打别人的一方,也是农夫不能耕地,妇女不能织衣,大家都忙于进攻事务。因此大国攻打小国,就好比小孩子做马行一样。"

【原 文】

子墨子曰:"言足以复行者[1],常之;不足以举行者,勿常。不足以举行而常之,是荡口也。"

【注 释】

[1] 复,"履"之省文。

【译文】

墨子说:"言论要是能付诸行动,就不妨常去说;要是不能付诸行动,就不要老是去说了。明明实现不了的话,还是经常去说它,那就是耍嘴皮子了。"

【原文】

子墨子使管黔㴱游高石子于卫,卫君致禄甚厚,设之于卿。高石子三朝必尽言,而言无行者。去而之齐,见子墨子曰:"卫君以夫子之故,致禄甚厚,设我于卿。石三朝必尽言,而言无行,是以去之也。卫君无乃以石为狂乎?"子墨子曰:"去之苟道,受狂何伤!古者周公旦非关叔,辞三公东处于商盖[1],人皆谓之狂,后世称其德,扬其名,至今不息。且翟闻之为义非避毁就誉,去之苟道,受狂何伤!"高石子曰:"石去之,焉敢不道也!昔者夫子有言曰:'天下无道,仁士不处厚焉。'今卫君无道,而贪其爵禄,则是我为苟陷人长也[2]。"子墨子说,而召子、禽子曰:"姑听此乎!夫倍义而乡禄者[3],我常闻之矣。倍禄而乡义者,于高石子焉见之也。"

【注释】

[1] 商盖，当作"商奄"。

[2] "陷"当作"啗"，"长"当作"食"。

[3] 倍，通"背"。

【译文】

墨子让管黔教推荐高石子去卫国。卫国的国君给他很优厚的俸禄，列他为卿。高石子三次朝见卫君，每次定竭力进言，但卫君都没有采纳实行。于是他就离开卫国，到齐国去见墨子，说："卫君因夫子推荐的缘故，给我很优厚的俸禄，把我列为卿。我三次朝见卫君，每次必定竭力进言，但卫君都没有采纳实行，所以我离开了卫国。卫君恐怕会以为我狂妄吧？"墨子说："只要离开是合乎正道的，那么承受狂妄的名声又有什么妨害呢？古时候周公旦斥责管叔，辞去三公之职，东行到商奄住下来，当时人人都说他狂，后世的人却赞美他的德行，宣扬他的名字，直到今天也没有停止。况且我听说'奉行道义不是为了逃避诽谤和追求称赞'，只要离开卫国是合乎正道的，那么承受狂妄的名声又有什么妨害呢！"高石子说："我离开卫国，怎敢不依循正道呢！从前夫子说过：'天下不行道义，仁人不处厚禄之位。现在卫君不行道义，而我要是贪图他给予的爵位和俸禄，那我不成了只图吃人家的食粮了吗！"墨子听了很高兴，就把禽滑釐召来，说："且听听高石子这些话吧！背弃道义而追求爵禄的人，我经常听说；但舍弃爵禄而追求道义的人，在高石子身上见到了！"

【原文】

子墨子曰："世俗之君子，贫而谓之富，则怒，无义而谓之有义，则喜。岂不悖哉！"

公孟子曰："先人有则三而已矣。"子墨子曰："孰先人而曰有则三而已矣？子未智人之先有。"

后生有反子墨子而反者[1]，"我岂有罪哉？吾反后。"子墨子曰："是犹三军北，失后之人求赏也。"

【注释】

[1]"者"下脱"曰"字。

【译文】

墨子说："世俗的君子，本来穷而你说他们富，就要发怒，但是，如果他们没有道义而你说他们有道义，却十分喜欢。这难道不是违反常理吗？"

公孟子说："所谓先人，不过就是夏、商、周三代罢了。"墨子说："谁说先人就只是夏、商、周三代罢了呢？你没有明白，先人也是更先的人的后人呀。"

有人背叛了墨子而又回头，还说："我有什么罪呢？不过回头得晚一点罢了。"墨子说:"这如同三军打了败仗,落伍的人还要求奖赏一样啊!"

【原　文】

公孟子曰:"君子不作,术而已。"子墨子:"不然。人之其不君子者[1],古之善者不诛[2],今也善者不作。其次不君子者,古之善者不遂,已有善则作之,欲善之自己出也。今诛而不作,是无所异于不好遂而作者矣。吾以为古之善者则诛之,今之善者则作之,欲善之益多也。"

【注　释】

[1]"其"当作"甚"。
[2]"诛"当作"诉","述"之假借字。下同。

【译　文】

公孟子说:"君子不创作,只是阐述先贤的言论罢了。"墨子说:"不是这样的。极端无君子品格的人,对古代的善不愿去阐述,而且对现在的善也不愿去创作。其次没有君子品格的人,对古代的善同样不愿去阐述,对自己的善则愿意创作,但他不过是要表明善都是从他那来的。现在你主张只是阐述而不创作,其实和那不喜欢阐述却喜欢创作的人,没有什么不同。我认为：古代的善应该去阐述，现在的善也应该去创作，这只不过是希望善增多起来罢了。"

【原文】

巫马子谓子墨子曰："我与子异，我不能兼爱。我爱邹人于越人，爱鲁人于邹人，爱我乡人于鲁人，爱我家人于乡人，爱我亲于我家人，爱我身于吾亲，以为近我也。击我则疾，击彼则不疾于我，我何故疾者之不拂，而不疾者之拂？故有我有杀彼以我[1]，无杀我以利[2]。"子墨子曰："子之义将匿邪，意将以告人乎？"巫马子曰："我何故匿我义？吾将以告人。"子墨子曰："然则，一人说子，一人欲杀子以利己；十人说子，十人欲杀子以利己；天下说子，天下欲杀子以利己。一人不说子，一人欲杀子，以子为施不祥言者也；十人不说子，十人欲杀子，以子为施不祥言者也；天下不说子，天下欲杀子，以子为施不祥言者也。说子亦欲杀子，不说子亦欲杀子，是所谓经者口也，杀常之身者也。"子墨子曰："子之言恶利也？若无所利而不言[3]，是荡口也。"

【注释】

[1] 前"有"字衍，"以"下脱"利"字。

[2]"利"下脱"彼"。

[3]"不"字疑当作"必"。

【译文】

　　巫马子对墨子说:"我和你不同,我不能做到平等地爱人。我爱邹人胜过于爱越人,我爱鲁人胜过于爱邹人,我爱同乡又胜过于爱鲁人,我爱家人又胜过于爱同乡,而我爱我双亲又胜过于爱我家人,我爱我自身又胜过于爱我双亲——因为(一层比一层)更贴近我自身。打我一下,我就会痛;打别人一下,痛的不在我身上。我为什么对于使自己疼痛的不去防卫,而自己不疼痛的反倒防卫呢?因此,我只有杀别人来利己,不会杀自己去利人。"墨子说:"你的这种道义,打算秘而不宣呢?还是要公之于众呢?"巫马子说:"我为什么要把我的道义秘而不宣呢?我要把它公之于众。"墨子说:"那么,如果有一个人喜欢你的主张,这一个人就要杀掉你来利己;如果有十个人喜欢你的主张,这十个人就要杀掉你来利己;如果天下的人都喜欢你的主张,那天下的人就都要杀掉你来利己。反之,如果有一个人不喜欢你的主张,这一个人就要杀掉你,认为你是散布不祥言论的人;如果有十个人不喜欢你的主张,这十个人就要杀掉你,认为你是散布不祥言论的人;如果天下的人都不喜欢你的主张,天下的人就都要杀掉你,认为你是散布不祥言论的人。喜欢你的主张的人要杀掉你,不喜欢你的主张的人也要杀掉你,这就叫做言从口出,杀你自己啊!"墨子又说:"你的言论,究竟有什么利处呢?如果没有利处还要去说,就成了空言妄语。"

【原文】

子墨子谓鲁阳文君曰:"今有一人于此,羊牛犓豢,维人但割而和之[1],食之不可胜食也;见人之作饼,则还然窃之,曰:'舍余食'。不知日月安不足乎[2],其有窃疾乎?"鲁阳文君曰:"有窃疾也。"子墨子曰:"楚四竟之田,旷芜而不可胜辟,評灵数千[3],不可胜[4],见宋、郑之闲邑,则还然窃之,此与彼异乎?"鲁阳文君曰:"是犹彼也,实有窃疾也。"

【注释】

[1] "维"字当作"雍"。雍,雝之隶变,即"饔"之省。"但割"即"袒割"。
[2] "日月"当作"明"。
[3] "評灵"疑为"泽虞"之误,从王焕镳说。
[4] "胜"下脱"度",从王焕镳说。

【译文】

墨子对鲁阳文君说:"现在这里有一个人,他的牛羊牲畜多得任厨人宰割,吃也吃不完,但是看见人家做饼,却迅捷地去偷吃，还说：'这可以充裕我的食物。'不知道他是无论有多少好东西也都不够吃呢，还是他有偷窃的癖好呢？"鲁阳文君说："是有偷窃的癖好。"墨子说："楚国境内的土地，空旷荒芜以至于开也开不完；川泽山林多得数也数不尽。可是看到宋、郑两国的空城，却要迅捷地去偷窃它，这与上面说的有什么两样呢？"鲁阳文君说："这和上面说的一样，实在是有偷窃的癖好啊！"

【原文】

子墨子曰："季孙绍与孟伯常治鲁国之政，不能相信，而祝于丛社，曰：'苟使我和。'是犹弇其耳目而祝于丛社也[1]：'苟使我皆视。'岂不缪哉！"

子墨子谓骆滑氂曰："吾闻子好勇。"骆滑氂曰："然，我闻其乡有勇士焉，吾必从而杀之。"子墨子曰："天下莫不欲与其所好[2]，度其所恶[3]。今子闻其乡有勇士焉，必从而杀之，是非好勇也，是恶勇也。"

【注释】

[1]"也"当作"曰"。

[2]"与"当作"兴"。

[3]"度"当作"废"。

【译 文】

墨子说:"季孙绍和孟伯常治理鲁国的政务,互相不能信任,于是到神祠祝告说:'希望让我们和好相处吧!'这犹如各自遮住了眼睛,却到神祠祝告说:'希望让我们彼此都能看见吧!'这难道不是很荒唐吗?"

墨子对骆滑氂说:"我听说你喜好勇武。"骆滑氂说:"是的。我要是听说某乡有勇士,就一定要去杀掉他。"墨子说:"天下没有人不想帮助自己所喜爱的人,而除去自己所厌恶的人。如今你听到某乡有勇士,就一定要去杀掉他,这不是喜好勇武,而是憎恶勇武呀。"

卷十二

贵义 第四十七

【原文】

子墨子曰："万事莫贵于义。今谓人曰：'予子冠履，而断子之乎足，子为之乎？'必不为。何故？则冠履不若手足之贵也。又曰：'予子天下而杀子之身，子为之乎？'必不为。何故？则天下不若身之贵也。争一言以相杀，是贵义于其身也[1]。故曰，万事莫贵于义也。"

【注 释】

[1]"贵义"当作"义贵"。

【译 文】

墨子说:"万事之中,没有什么比道义更宝贵。如果现在对一个人说:'给你帽子和鞋子,而砍断你的手和脚,你愿意做这样的事吗?'他必定不愿意做。这是什么缘故呢?这是因为帽子、鞋子不如手脚宝贵。如果再对人家说:'给你天下,而杀害你的性命,你愿意做这样的事吗?'他必定也不愿意做。这是什么缘故呢?这是因为人们看待天下,不如自己的性命更宝贵。至于人们为了一言之争而去互相拼杀,那正是因为看重道义胜过于自己的生命。所以说:万事之中,没有什么比道义更宝贵。"

【原 文】

子墨子自鲁即齐,过故人,谓子墨子曰:"今天下莫为义,子独自苦而为义,子不若已。"子墨子曰:"今有人于此,有子十人,一人耕而九人处,则耕者不可以不益急矣。何故?则食者众,而耕者寡也。今天下莫为义,则子如劝我者也[1],何故止我?"

【注释】

[1] 如,犹宜也,应该的意思。

【译文】

墨子从鲁国到齐国,路过去探望一位老友。这位老友对墨子说:"如今天下没有人去奉行道义了,只有你独自一个苦苦地奉行道义,你不如停止吧!"墨子说:"现在这里有一个人,养育了十个儿子,只有一个儿子耕田,而其他九个儿子都闲居无事,那么,这个耕田的儿子就不能不更加努力了。这是什么缘故呢?这是因为张嘴吃饭的人多,耕田种地的人少。既然现在天下没有人奉行道义,那你就应该勉励我,为什么反倒劝阻我呢?"

【原文】

子墨子南游于楚,见楚献惠王[1],献惠王以老辞,使穆贺见子墨子。子墨子说穆贺,穆贺大说,谓子墨子曰:"子之言则成善矣[2]!而君王,天下之大王也,毋乃曰'贱人之所为',而不用乎?"子墨子曰:"唯其可行。譬若药然,草之本[3],天子食之以顺其疾,岂曰'一草之本'而不食哉?今农夫入其税于大人,大人为酒醴粢盛以祭上帝鬼神,岂曰'贱人之所为'而不享哉?故虽贱人也，上比之农，下比之药，曾不若一草之本乎？且主君亦尝闻汤之说乎？昔者，汤将往见伊尹，令彭氏之子御。彭氏之子半道而问曰：'君将何之？'汤曰：'将往见伊尹。'彭氏之子曰：'伊尹，天下之贱人也。若君欲见之，亦令召问焉，彼受赐矣。'汤曰：'非女所知也。今有药此[4]，食之则耳加聪，目加明，则吾必说而强食之。今夫伊尹之于我国也，譬之良医善药也。而子不欲我见伊尹，是子不欲吾善也。'因下彭氏之子，不使御。（彼苟然，然后可也。）[5]"

【注释】

[1]《史记》无楚献惠王，疑即楚惠王。
[2] 成，通"诚"。
[3] "草"上脱"一"字。
[4] "此"上脱"于"字。
[5] 此七字当移至后文"何故皆不遂也"之后。

【译文】

墨子南游到楚国，要见楚惠王。惠王借口年老推辞不见，而让大臣穆贺去见墨子。墨子便向穆贺游说了一番。穆贺听了大为高兴，对墨子说："你的学说主张，确实很好。但我们君王是天下的大王，恐怕会说你那主张不过是下等人的东西，而不肯采用吧！"墨子说："只要主张可以行得通。就好比良药，虽然只是一棵草根，但是天子服用了它，就可以调治疾病，难道能说'这不过是一棵草根'而拒绝服用吗？现在农夫交纳租税给大人，大人把它做成酒食祭品，去祭祀上帝鬼神，难道能说那不过是用下等人种的东西做成的，而上帝鬼神不肯享食吗？因此，就算是下等人的主张，也总可以上与农夫相比，下与草药相比，难道还不如一棵草根吗？而且，您也曾听到过关于商汤的传说吧！从前汤要去拜见伊尹，叫一位姓彭的人驾车。行至半途，姓彭的人问：'君王要去哪？'汤说：'我要去拜见伊尹。'姓彭的人说：'伊尹不过是世上的下等人，如果君王想见到他，只需下道令，召他来询问一下，这在他就已经是蒙受恩遇了！'汤说：'这不是你所能明白的。如果现在这里有一种药，吃了它，耳朵会更加灵敏，眼睛会更加明亮，那我一定很乐意抓紧服用它。现在伊尹对于我国，就好比名医良药。而你却不希望我拜见伊尹，那你也就是不希望我好啊！'于是，汤命令姓彭的下去，不让他驾车了。"

【原　文】

　　子墨子曰："凡言凡动，利于天鬼百姓者为之；凡言凡动，害于天鬼百姓者舍之；凡言凡动，合于三代圣王尧、舜、禹、汤、文、武者为之；凡言凡动，合于三代暴王桀、纣、幽、厉者舍之。"

【译文】

墨子说:"一切言论和行动,只要是有利于天帝、鬼神、百姓的就做;一切言论和行动,只要是有害于天帝、鬼神、百姓的,就放弃它;一切言论和行动,只要是与三代圣王尧、舜、禹、汤、文王、武王之道相符合的,就实行它;一切言论和行动,只要是与三代暴王桀、纣、幽王、厉王的言行相符合的,就放弃它。"

【原文】

子墨子曰:"言足以迁行者,常之;不足以迁行者,勿常。不足以迁行而常之,是荡口也。"

【译文】

墨子说:"能够付诸行动的言论,就崇尚它;不能付诸行动的言论,就不去崇尚它。不能付诸行动而去崇尚它,这就是耍嘴皮子。"

【原文】

子墨子曰:"必去六辟。嘿则思,言则诲,动则事,使三者代御,必为圣人。必去喜,去怒,去乐,去悲,去爱[1]，而用仁义。手足口鼻耳[2]，从事于义，必为圣人。"

【注释】

[1]"去爱"下脱"去恶"二字。
[2]"耳"下疑脱"目"字。

【译文】

墨子说："必须去掉（喜、怒、乐、怨、爱、恶）六种邪僻的欲念。有静默的心境，就能思索问题；有符合道义的言论，就能教化世人；有符合道义的行动，就能成就事业。如果这三方面交替运用，必定成为圣人。必须去掉喜，去掉怒，去掉乐，去掉悲，去掉爱，去掉恶，而以仁义为准则，让手、足、口、鼻、耳、目等都从事于义，必定成为圣人。"

【原文】

子墨子谓二三子曰："为义而不能，必无排其道。譬若匠人之斫而不能，无排其绳。"

【译文】

墨子对弟子们说："如果奉行道义而力量不能够胜任，千万不要排除道义本身。这就好比木匠劈削木料不能够得心应手，不能够排除他的绳墨一样。"

【原 文】

子墨子曰："世之君子，使之为一犬一彘之宰，不能则辞之；使为一国之相，不能而为之。岂不悖哉！"

【译 文】

墨子说："世上的那些君子，让他们去做宰杀一只狗、一头猪的屠夫，他们不能胜任就会推辞；而让他们去做治理一国的宰相，他们虽然不能胜任，却还是要去做，这难道不是违反常理吗？"

【原 文】

子墨子曰："今瞽曰：'钜者白也[1]，黔者黑也。'虽明目者无以易之。兼白黑，使瞽取焉，不能知也。故我曰瞽不知白黑者，非以其名也，以其取也。今天下之君子之名仁也，虽禹汤无以易之。兼仁与不仁，而使天下之君子取焉，不能知也。故我曰天下之君子之不知仁者，非以其名也，亦以其取也。"

【注 释】

[1] 钜，当作"岂"，即"皑"，白色。

【译 文】

墨子说:"现在有一个盲人说:'皑是白的,黔是黑的',就算是眼睛明亮的人,也没法改变他所说的,但是把黑白两种东西混杂在一起,再让盲人去择取,他就不能分出哪个东西是黑色的,哪个东西是白色的了。因此,我说盲人不知道黑白的分别,不是根据他能否说出黑白两种名称,而是根据他能否进行实际的选择。如今天下的君子给仁下定义,就算是禹、汤也无法改变,但是把仁与不仁爱的两种事情混杂在一起,让天下的君子们去择取,他们就不能知道什么是仁的事情了。因此,我说天下的君子们不知道仁,不是根据他们不能说出仁的名称,而是根据他们不能进行实际的选择。"

【原 文】

子墨子曰:"今士之用身,不若商人之用一布之慎也。商人用一布布[1],不敢继苟而仇焉[2],必择良者。今士之用身则不然,意之所欲则为之,厚者入刑罚,薄者被毁丑,则士之用身不若商人之用一布之慎也。"

【注 释】

[1] 下"布"字当作"市"。
[2] "继"字疑当作"轻",王焕镳说。

【译文】

墨子说:"现在的士人以身处世,还不如商人使用一个钱币慎重。商人用一个钱币去买东西,不敢轻率地买下货物,一定要选择出好货才行。现在的士人以身处世就不是这样了,他们随心所欲地做各种坏事,过错严重的,陷入刑罚;过错轻的,蒙受非议和羞辱。那么士人以身处世,还不如商人使用一个钱币慎重啊!"

【原 文】

子墨子曰:"世之君子欲其义之成,而助之修其身则愠,是犹欲其墙之成,而人助之筑则愠也,岂不悖哉!"

【译 文】

墨子说:"当世的君子,希望他的道义能得以实现,可是你要帮助他修养身性,他却十分恼怒。这就好比想筑墙成功,别人要帮助他筑墙,他却十分恼怒,这难道不是违反常理吗?"

【原 文】

子墨子曰:"古之圣王,欲传其道于后世,是故书之竹帛，镂之金石，传遗后世子孙，欲后世子孙法之也。今闻先王之遗而不为[1]，是废先王之传也。"

【注释】

[1]"遗"当为"道"。

【译文】

墨子说："古代的圣王，想把他们的道术留传给后世，所以才写在竹帛上，刻在金石上，留传下来给后世子孙，希望后世子孙效法他们的道术。如今人们听到先王的道术而不去实行，那就废弃了先王所传之道。"

【原文】

子墨子南游使卫，关中载书甚多[1]。弦唐子见而怪之，曰："吾夫子教公尚过曰'揣曲直而已'。今夫子载书甚多，何有也？"子墨子曰："昔者周公旦朝读书百篇，夕见漆十士[2]。故周公旦佐相天子，其修至于今。翟上无君上之事，下无耕农之难，吾安敢废此？翟闻之：'同归之物，信有误者。'然而民听不钧，是以书多也。今若过之心者，数逆于精微，同归之物，既已知其要矣，是以不教以书也。而子何怪焉？"

【注　释】

［1］关中，犹曰"肩中"。即乘车中箱骑之间以木为棚，中可盛物，谓之肩。

［2］漆，"七"之借字。

【译　文】

墨子南游到了卫国，车子的横栏里装载了很多书。弦唐子看到后感到奇怪，说道："夫子曾经教导公尚过说：'（读书）仅仅是为了衡量是非曲直而已。'现在夫子携带这么多书，又做什么用呢？"墨子说："从前，周公旦早晨读书一百篇，晚上接见七十位士人。因此，周公旦辅助天子，名声久久地流传，直到今天。我上不承担国君授予的职事，下不承担耕农种地的艰难，我又怎么敢荒废读书呢？我听说：'殊途同归的道理，也确实会有所误解。'人民的听闻本来不能划一，（所以各述所闻）书也就多了。但是像公尚过的思维水平，对于事理已经能够洞察精微，对于殊途同归的道理，也已经能够把握要领，所以就不必再刻板地把所有的书都教授给他了，而你又有什么可奇怪的呢？"

【原　文】

子墨子谓公良桓子曰："卫，小国也，处于齐晋之间，犹贫家之处于富家之间也。贫家而学富家之衣食多用，则速亡必矣。今简子之家[1]，饰车数百乘，马食菽粟者数百匹，妇人衣文绣者数百人，吾取饰车、食马之费，与绣衣之财以畜士，必千人有余。若有患难，则使百人处于前，数百于后，与妇人数百人处前后，孰安？吾以为不若畜士之安也。"

【注释】

[1] 简，阅也。

【译文】

墨子对公良桓子说："卫只是一个小国家，处在齐、晋之间，就像是贫穷的家庭处在富裕的家庭中间一样。如果贫穷的家庭仿效富裕的家庭吃饭穿衣，花费过多，那它必定很快衰亡。现在来看看你的家，饰纹彩的车有几百辆，吃粮食的马有几百匹，穿绣衣的妇女有几百人。如果我把你那装饰车、饲养马的费用，把你那制绣衣的钱财，都拿来供养士人，一定多达千余人；要是遇到祸患危难，就让数百人在前，数百人在后，这与前后簇拥着数百妇人相比，哪样更安全呢？我认为不如供养士人更安全啊！"

【原文】

子墨子仕人于卫，所仕者至而反。子墨子曰："何故反？"对曰："与我言而不当[1]，曰'待女以千盆[2]，授我五百盆，故去之也。"子墨子曰："授子过千盆，则子去之乎？"对曰："不去。"子墨子曰："然则，非为其不审也，为其寡也。"

【注释】

[1] "当"当作"审"。
[2] 盆，量粮食的单位。

【译文】

墨子推荐人到卫国去做官，那人到了卫国后，又立即返回了。墨子问："你为什么回来了？"那人回答说："卫君跟我说话不守信用。他说：'给你一千盆俸禄。'但实际上只给我五百盆。所以我就离开了卫国。"墨子说："如果给你的俸禄超了一千盆，那你还会离开卫国吗？"那人回答说："不会离开。"墨子又说："那么你离开卫国，并不是因为别人不守信用，而是你自己嫌俸禄太少了。"

【原文】

子墨子曰；"世俗之君子，视义士不若负粟者。今有人于此，负粟息于路侧，欲起而不能，君子见之，无长少贵贱，必起之。何故也？曰义也。今为义之君子，奉承先王之道以语之，纵不说而行，又从而非毁之。则是世俗之君子之视义士也，不若视负粟者也。"

【译 文】

墨子说："世俗的君子们，看待行义的人还不如看待背米的人。如果现在这里有一个人，背着米坐在路旁歇脚，再想上路时，却被米压得站不起来了。君子看到这种情况，不论老少贵贱，都一定会帮助他站起来。这是什么缘故呢？这就是因为道义啊！而现在奉行道义的君子，你要是继承先王的道义去告诫他们，他们听了后不仅会不高兴地走开，甚至还加以非难和毁谤。这就是世俗的君子们看待行义之人，还不如背米的人啊！"

【原 文】

子墨子曰："商人之四方，市贾信徙[1]，虽有关梁之难，盗贼之危，必为之。今士坐而言义，无关梁之难，盗贼之危，此为信徙，不可胜计，然而不为，则士之计利，不若商人之察也。"

【注 释】

[1]"信徙"当作"倍徙"，下同。

【译 文】

　　墨子说:"商人们去四方做买卖,只要货物购销可获利数倍,即使有通过关卡的险阻和遇到盗贼的危险,也一定要去做。现在士人们坐着谈论道义,既没有通过关卡的险阻,也没有遇到盗贼的危险,而其获利的倍数是无法计算的,可是士人们不愿意去做,那么,这些士人谋图利益,还不如商人明察啊!"

【原 文】

　　子墨子北之齐,过日者[1]。日者曰:"帝以今日杀黑龙于北方,而先生之色黑,不可以北。"子墨子不听,遂北,至淄水,不遂而反焉。日者曰:"我谓先生不可以北。"子墨子曰:"南之人不得北,北之人不得南,其色有黑者,有白者,何故皆不遂也?且帝以甲乙杀青龙于东方,以丙丁杀赤龙于南方,以庚辛杀白龙于西方,以壬癸杀黑龙于北方,若用子之言,则是禁天下之行者也,是围心而虚天下也。子之言不可用也。"

【注 释】

[1] 日者,占侯卜筮之人。

【译 文】

　　墨子北游去齐国，遇到一位卜卦的人。卜卦人说："今日天帝在北方杀黑龙，而先生面色发黑，不能向北走。"墨子不听，于是北上行至淄水，不料没能成事就回来了。卜卦的人说："我说过先生不能向北走嘛。"墨子说："如果南方的人不能到北方去，北方的人不能到南方去，那么和我同去的人，既有脸黑的，也有脸白的，为什么都没能渡过淄水呢？假如脸黑的人不能北渡，而脸白的人却可以，那你的说法才通。况且，天帝在甲乙日杀青龙于东方，在丙丁日杀赤龙于南方，在庚辛日杀白龙于西方，在壬癸日杀黑龙于北方，如果按你的说法，那就要禁止天下的人走路了。这是违反人心，使天下人不相往来而致绝无人迹啊！你的话不可取。"

【原 文】

　　子墨子曰："吾言足用矣，舍言革思者[1]，是犹舍获而攈粟也[2]。以其言非吾言者，是犹以卵投石也，尽天下之卵，其石犹是也，不可毁也。"

【注 释】

[1] "者"上脱"吾"字。
[2] 攈，拾穗。

【译 文】

墨子说:"我的话足够用了!如果舍弃我的话另做打算,就和放弃收割而去拾穗一样。用他的言论来反对我的言论,这犹如拿着鸡蛋去敲石头,即令敲尽天下的鸡蛋,石头也依然如故,不能摧毁。"

公孟第四十八

【原 文】

公孟子谓子墨子曰:"君子共己以待[1],问焉则言,不问焉则止。譬若钟然,扣则鸣,不扣则不鸣。"子墨子曰:"是言有三物焉,子乃今知其一身也[2],又未知其所谓也。若大人行淫暴于国家,进而谏,则谓之不逊,因左右而献谏,则谓之言议。此君子之所疑惑也[3]。若大人为政,将因于国家之难,譬若机之将发也然,君子之必以谏。然而大人之利,若此者,虽不扣必鸣者也。若大人举不义之异行,虽得大巧之经,可行于军旅之事,欲攻伐无罪之国,有之也,君得之,则必用之矣,以广辟土地,著税伪材[4],出必见辱,所攻者不利,而攻者亦不利，是两不利也。若此者，虽不扣必鸣者也。且子曰：'君子共己待，间焉则言，不问焉则止，譬若钟然，扣则鸣，不扣则不鸣。'今未有扣，子而言，是子之谓不扣而鸣邪[5]？是子之所谓非君子邪？"

【注　释】

［1］共，同"拱"。
［2］"身"当作"耳"，"也"字衍。
［3］"所"下脱"以"字。
［4］原文"伪"当作"赇"，古"货"字。
［5］"谓"上脱"所"字。

【译　文】

　　公孟子对墨子说："君子应该拱起双手，恭敬地等待着，问到他就说，不问到他就不说。好像钟一样，敲它就响，不敲它就不响。"墨子说："这句话有三层意思，你现在只知道其中的一层，而且还没有弄清它的本意。假如王公大人在国中荒淫暴虐，如果去进谏，就显得不恭敬，借助左右的近臣去进谏，又会被说成是故意评头论足。这便是君子感到犹疑、不敲不响的原因。如果王公大人主持政务时，他的情绪因国家面临患难，好似箭弩的机关一触即发，君子就必须加以规劝了。那么在大人利害如此紧急的关头，即使不敲，君子也一定要鸣响。当大人做出不义的邪行，哪怕他得到巧妙的经略，可以在军旅中实行，准备攻打没有罪的国家并占领它——君主得到这种经略，总不免要用一下，来开辟疆土，搜刮税利货财——但是出师作战必定遭受屈辱，被攻打的一方不利，而攻打的一方也不利，这是双方都不利。像这种情况，即使不敲也一定要鸣响。况且你说：'君子应该拱起双手，恭敬地等待着，问到他就说，不问到他就不说，好像钟一样，敲它就响，不敲它就不响。'可是现在并没有人来'敲'你，而你也在发表意见，这就是你自己所认为的不敲而鸣吧？这就是你自己所认为的非君子之行吧？"

【原文】

公孟子谓子墨子曰："实为善人，孰不知？譬若良玉[1]，处而不出有余糈。譬若美女，处而不出，人争求之；行而自衒，人莫之取也。今子徧从人而说之，何其劳也？"子墨子曰："今夫世乱，求美女者众，美女虽不出，人多求之；今求善者寡，不强说人，人莫之知也。且有二生，于此善筮，一行为人筮者，一处而不出者，行为人筮者，与处而不出者，其糈孰多？"公孟子曰："行为人筮者其糈多。"子墨子白："仁义钧。行说人者，其功善亦多，何故不行说人也！"

【注释】

[1]"玉"当作"巫"。

【译 文】

公孟子对墨子说:"真正行善的人,谁不知道他呢?这就好比优秀的巫师,待在家里不出来,仍有吃不完的粮食。又好比貌美的女子,呆在家里不出来,人家还是争着上门求婚,如果自己到处炫耀,反倒没人娶她了。现在你到处向人游说,这是多么劳苦啊!"墨子说:"如今世道混乱,追逐美女的人多,美女虽然不出门,仍然有很多人追求她,现在追求善行的人少,如果不勉力劝说世人,就没有人知道从善了。况且,假如这里有两个人,都善卜筮,其中一人出门为人卜筮,另一人居家不出,那么出门为人卜筮的和居家不出的,哪一个得到的赠粮多呢?"公孟子说:"当然是出门卜筮的人得到的赠粮多了。"墨子说:"假如两个人同样主张仁义,那么四处向人游说仁义的人,他的功业和善举也应当比居家不出的人多,那为什么不四处游说世人呢?"

【原 文】

公孟子戴章甫,搢忽[1],儒服,而以见子墨子,曰:"君子服然后行乎?其行然后服乎?"子墨子曰:"行不在服。"公孟子曰:"何以知其然也?"子墨子曰:"昔者,齐桓公高冠博带,金剑木盾以治其国,其国治。昔者,晋文公大布之衣,牂羊之裘,韦以带剑,以治其国,其国治。昔者,楚庄王鲜冠组缨,绛衣博袍[2],以治其国,其国治。著者,越王句践剪发文身,以治其国,其国治。此四君者,其服不同,其行犹一也。翟以是知行之不在服也。"公孟子曰:"善!吾闻之曰'宿善者不祥'[3]。请舍忽,易章甫,复见夫子可乎?"子墨子曰:"请因以相见也。若必将舍忽易章甫而后相见,然则行果在服也。"

【注释】

[1] 擂忽,"擂"即"晋","忽"即"笏",为古代官员朝见君王时所执之板。君王有指令,臣下即书于上,以备忘。
[2] "绛"误,当为"绛",字或作"逢",大也。绛衣即犬衣。博袍即绛衣之前襟。
[3] 宿善,指懂得善行而不执行。

【译文】

公孟子头戴礼帽,腰插记事木板,身穿儒服去见墨子,说:"君子究竟是先讲究君子的服饰,然后才有君子的行为呢?还是先有君子的行为,然后才注重君子的服饰呢?"墨子说:"行为不取决于服饰。"公孟子说:"根据什么知道是这样呢?"墨子说:"从前齐桓公头戴高冠,腰系宽大的带子,身佩金剑木盾,去治理国家,他的国家得到治理。从前晋文公身穿粗布衣、母羊皮袭,用皮条挂剑,去治理国家,而他的国家也得到治理。从前楚庄王头戴漂亮的缀有绶和缨的王冠，身披大衣宽袍，去治理国家，而他的国家也得到治理。从前越王勾践断发为冠，纹身为衣，去治理国家，而他的国家也得到治理。这四位君主，服装虽不相同，行为却是一样。我由此知道行为不取决于服饰。"公孟子说："好！我听说'懂得善行而压下不实行的人不吉祥'，请允许我放下笏板，换掉礼帽，再来见您好吗？"墨子说："请你就像现在这样见面好了。一定要放下笏板，换掉礼帽，然后才能相见，那就真成为行为取决于服饰了。"

【原文】

公孟子曰："君子必古言服，然后仁。"子墨子曰："昔者，商王纣卿士费仲，为天下之暴人，箕子、微子为天下之圣人，此同言而或仁不仁也。周公旦为天下之圣人，关叔为天下之暴人，此同服或仁或不仁。然则不在古服与古言矣。且子法周而未法夏也，子之古非古也。"

【译文】

公孟子说："君子一定要说古语，穿古服，然后才称得上是有仁德的人。"墨子说："从前商纣王的卿士费仲，是天下的残暴之人；箕子和微子，是天下的圣人。他们说同样的语言，却或者成为仁人，或者成为不仁的人。从前周公旦是天下的圣人，管叔是天下的残暴之人，他们穿同样的服饰，却或者成为仁人，或者成为不仁的人。可见，问题并不在古服和古语本身。况且你效法周朝而没有效法夏朝，你所说的'古'也并不是真正的古呀。"

【原文】

公孟子谓子墨子曰："昔者圣王之列也，上圣立为天子，其次立为卿、大夫。今孔子博于《诗》《书》，察于礼乐，详于万物，若使孔子当圣王，则岂不以外子为天子哉？"子墨子曰："夫知者，必尊天事鬼，爱人节用，合焉为知矣。今子曰'孔子博于《诗》《书》，察于礼乐，详于万物'，而曰可以为天子，是数人之齿[1]，而以为富。"

【注释】

[1] 数人之齿，齿，指契据上的刻痕。古人刻竹木以记数，刻痕如齿。

【译文】

公孟子对墨子说："从前圣王的地位排列，上圣之人就立为天子，其次就立为卿大夫。现在孔子博通《诗》《书》，明察礼乐制度，对万事万物了解得很详细，假如让孔子生在圣王时代,那岂不是要立孔子做天子了吗?"墨子说:"凡是有智慧的人,必定尊崇天帝,侍奉鬼神,兼爱百姓,节俭用度。合乎这些要求才能视为有智慧。现在你说孔子博通《诗》《书》,明察礼乐制度,对万事万物了解得很详细,并说他可以立做天子,这只不过是数着别人契据上的刻数,而自以为富有罢了。"

【原文】

公孟子曰:"贫富寿夭,齰然在天,不可损益。"又曰:"君子必学。"子墨子曰:"教人学而执有命,是犹命人葆而去亓冠也[1]。"

【注释】

[1]"亓"即"其"字。

【译文】

公孟子说:"贫穷、富贵、长寿、夭折,确实是由天注定的,不能增加或减少。"又说:"君子必须努力学习。"墨子说:"教导人家学习,却又主张人命天定的说教,这就犹如叫人家裹头以便带冠,却又拿走了人家的帽子一样。"

【原 文】

　　公孟子谓子墨子曰："有义不义，无祥不祥。"子墨子曰："古圣王皆以鬼神为神明，而为祸福，执有祥不祥，是以政治而国安也。自桀，纣以下，皆以鬼神为不神明，不能为祸福，执无祥不祥，是以政乱而国危也。故先王之书《子亦》有之曰[1]：'亓傲也，出于子，不祥。'此言为不善之有罚，为善之有赏。"

【注 释】

[1]"子亦"，"亦"，当为"亓"；"子亦"，当作"亓子"，即"箕子"。

【译 文】

　　公孟子对墨子说："只存在义与不义的问题，不存在祥与不祥的问题。"墨子说："古代的圣王都认为鬼神圣灵明达，能降祸赐福，主张有祥与不祥，所以他们的政治清明，国家安定。反之，自夏桀、商纣之后，都认为鬼神不圣灵明达，不能降祸赐福，主张没有祥与不祥，所以他们的政治混乱，国家危困。因此，先王之书《箕子》说：'出言太傲慢，对你不吉祥。'这便是说为恶会招致惩罚，为善会得到奖赏。"

【原 文】

子墨子谓公孟子曰："丧礼，君与父母、妻、后子死，三年丧服；伯父、叔父、兄弟，期；族人五月；姑、姊、舅、甥，皆有数月之丧。或以不丧之间，诵诗三百，弦诗三百，歌诗三百，舞诗三百。若用子之言，则君午何日以听治？庶人何日以从事？"公孟子曰："国乱则治之，国治则为礼乐。国治则从事[1]，国富则为礼乐。"子墨子曰："国之治[2]，治之废，则国之治亦废。国之富也，从事，故富也。从事废，则国之富亦废。故虽治国，劝之无餍，然后可也。今子曰：'国治，则为礼乐，乱则治之'，是譬犹噎而穿井也[3]，死而求医也。古者三代暴王桀、纣、幽、厉，薾为声乐，不顾其民，是以身为刑僇，国为戻虚者[4]，皆从此道也。"

【注 释】

[1]"治"当作"贫"。

[2]此下脱"治之故治也"五字。

[3]"噎"当作"渴"。

[4]"戻虚"当为"虚戻"，即"虚厉"。居宅无人为虚，死而无后为厉。

【译 文】

墨子对公孟子说："按照丧礼，君主和父母、妻子、长子死去，要穿三年丧服；伯父、叔父、兄弟死去，要穿一年；族人五个月；姑、姊、舅父、外甥死去，也都有几个月服丧期。此外，不守丧的时候，要去诵读《诗三百》，配上乐弹奏《诗三百》，配上曲歌咏《诗三百》，配上舞表演《诗三百》，如是采用你所主张的儒家之道，那君子用哪一天来听政呢？平民又用哪一天来工作呢？"公孟子说："国家混乱了就去治理，国家太平时就作礼乐；国家贫穷了就去工作，国家富裕时就作礼乐。"墨子说："国家太平，是因为治理才太平的，如果治理停止了，国政也就荒废了；国家富裕，是因为工作才富裕的，如果工作停止了，富裕也就丧失了。因此，治国之事，必须勤勉不已，然后才能治理得好。现在你说：'国家太平了就去作礼乐，混乱了才去治理它。'这就好比口渴了才去掘井，人死了才找良医。古时候，三代的暴王桀、纣、幽王、厉王等盛兴声乐，不关心人民，所以他们身遭杀戮而绝后，国家也成了一片废墟，都是顺从这种主张的结果。"

【原　文】

公孟子曰："无鬼神。"又曰："君子必学祭祀[1]。"子墨子曰："执无鬼而学祭礼，是犹无客而学客礼也，是犹无鱼而为鱼罟也。"

公孟子谓子墨子曰："子以三年之丧为非，子之三日之丧亦非也[2]。"子墨子曰："子以三年之丧非三日之丧，是犹倮谓撅者不恭也[3]。"

公孟子谓子墨子曰："知有贤于人，则可谓知乎？"子墨子曰："愚之知有以贤于人，而愚岂可谓知矣哉？"

【注　释】

[1]"祀"当作"礼"。

[2]"三日"当作"三月"。

[3]倮，同"裸"，裸体。撅，揭衣的意思。

【译　文】

公孟子说："没有鬼神。"又说："君子必须学习祭礼。"墨子说："主张没有鬼神而又要求学习祭礼，这犹如没有客人而去学习接待宾客的礼仪，没有鱼而去编织捕鱼的渔网一样。"

公孟子对墨子说："你认为三年丧期不对，那你的三个月丧期的主张也是不对的。"墨子说："你用三年丧期来非难我的三个月丧期，这就好比自己脱衣裸体却说掀起衣角的人不恭敬一样。"

公孟子对墨子说："偶然有某一知识胜过别人，就可以说是有智慧的人吗？"墨子说："愚蠢人的智慧有时也偶尔胜过别人，然而愚蠢的人又怎么能说是有智慧的人呢？"

【原 文】

公孟子曰："三年之丧，学吾之慕父母[1]。"子墨子曰："夫婴儿子之知，独慕父母而已。父母不可得也，然号而不止，此亓故何也？即愚之至也。然则儒者之知，岂有以贤于婴儿子哉？"

【注 释】

[1]"吾"下脱"子"字。

【译 文】

公孟子说："三年丧期，是仿效婴儿依恋父母（的亲情本性而来的）。"墨子说："婴儿的智慧，仅仅是依恋父母罢了。如果得不到父母的爱抚，就会大声哭个不停，这是什么缘故呢？这是因为婴儿无知到了极点。那么儒者（去仿效婴儿），他们的智慧又怎么能高于婴儿呢？"

【原 文】

子墨子曰问于儒者[1]："何故为乐？"曰："乐以为乐也。"子墨子曰："子未我应也。今我问曰'何故为室'？曰'冬避寒焉，夏避暑焉，室以为男女之别也[2]'，则子告我为室之故矣。今我问曰'何故为乐'，曰'乐以为乐也',是犹曰'何故为室',曰'室以为室也'。"

【注释】

[1]"曰"字当在"儒者"下。
[2]"室"当作"且"。

【译文】

墨子问儒者道："为什么要作音乐？"儒者说："为了乐而作乐。"墨子说："你没有回答我的问题。现在我问你'为什么要盖房子？'如果回答说'为了冬天躲避寒冷，夏天躲避酷暑，而且是为了使男女有别'，那你就把盖房子的原因告诉我了。但是，现在我问'为什么要作音乐'，你却说'为了乐而作乐'，这就等于是问'为什么要盖房子'，回答却说'为了房子而盖房子'。"

【原文】

子墨子谓程子曰："儒之道足以丧天下者，四政焉。儒以天为不明，以鬼为不神，天鬼不说，此足以丧天下。又厚葬久丧，重为棺椁，多为衣衾，送死若徙，三年哭泣，扶后起，杖后行，耳无闻，目无见，此足以丧天下。又弦歌鼓舞，习为声乐，此足以丧天下。又以命为有，贫富寿夭，治乱安危有极矣，不可损益也，为上者行之，必不听治矣，为下者行之，必不从事矣，此足以丧天下。"程子曰："甚矣！先生之毁儒也子。"墨子曰："儒固无此若四政者，而我言之，则是毁也。今儒固有此四政者，而我言之，则非毁也，告闻也。"程子无辞而出。子墨子曰："迷之！"反，后坐[1]，进复曰："乡者先生之言有可闻者焉[2]。若先生之言，则是不誉禹，不毁桀纣也。"子墨子曰："不然。夫应孰辞，称议而为之[3]，敏也。厚攻则厚吾[4]，薄攻则薄吾。应孰辞而称议，是犹荷辕而击蛾也。"

【注释】

[1]"后"当为"复"。
[2]"闻"当作"闲"。闲，非也；可闲，即可以批评、反对。
[3]"称"上脱"不"字。
[4]吾，"圄"之省文，守御的意思。

【译文】

　　墨子对程子说："儒家的道术，足以丧失天下的有四点。儒家认为天不明察，认为鬼不神灵，天帝鬼神因此会不高兴，这就足以丧失天下了。儒家要求葬礼隆重，长期服丧，做双重棺椁和很多衣衾，送葬如同搬家，哭泣三年，以至于扶着墙才能站起来，挂着拐杖才能行走，耳朵什么也听不到，眼睛什么也看不见，这就足以丧失天下了。儒家还主张琴瑟伴歌，击鼓起舞，时常赏听音乐，这也足以丧失天下了。儒家还主张有天命存在，认为人的贫穷、富贵、长寿、夭折，社会的治理、混乱、平安、危难等，都是前定的，不能增加或者减少，身居高位的人奉行天命说，一定不去认真处理政务；身处社会下层的人奉行天命说，一定不去努力工作，这就足以丧失天下了。"程子说："先生如此诋毁儒家，未免太过分了。"墨子说："如果儒家本没有上述四种主张，而我却这样说，那就是在诋毁它了。现在儒家原本有这四种主张，而我这样说它，就算不上是诋毁，而仅仅是就我所听到的实情告诉你罢了。"程子无言对答，便退了出去。墨子又说："你真糊涂。"程子听到又回来坐下，进而说道："刚才先生的话，也有可以指责的地方。如果按先生说的，那不成了赞誉大禹也只是如实陈述，而不是赞誉；诋毁桀、纣也是如实陈述，而不是诋毁了吗？"墨子说："不是这样的。应付世俗的言论，不需要认真辩论，这是机敏的表现了。如果对方严词相攻，那我自然要严词以待；如果对方婉言相诘，那我自然也要婉言相拒。应付世俗的言论，也认真地去辩论，那就像是拿着车辕去扑击蛾子。"

【原　文】

　　子墨子与程子辩，称于孔子。程子曰："非儒，何故称于孔子也？"子墨子曰："是亦当而不可易者也[1]。今鸟闻热旱之忧则高，鱼闻热旱之忧则下，当此虽禹汤为之谋，必不能易矣。鸟鱼可谓愚矣，禹汤犹云因焉。今翟曾无称于孔子乎？"

【注释】

[1]"亦"当为"丌"，即古文"其"字。

【译文】

墨子和程子辩论，称引到孔子。程子说："既然你反对儒家，为什么又称引孔子呢？"墨子说："这是因为孔子也有合理而不能改变的地方。现在你看鸟儿预感到炎热和干旱要来了，就飞向高处；鱼儿预感到炎热和干旱要来了，就游向深处。在这种情况下，即使就是大禹、商汤来给它们拿主意，也一定不能有所改变了。鱼儿和鸟儿可以说很笨了，可是大禹、商汤时或还要依顺它们，我怎么就不可以称引孔子呢？"

【原文】

有游于子墨子之门者，身体强良，思虑徇通[1]，欲使随而学。子墨子曰："姑学乎，吾将仕子。"劝于善言而学。其年[2]，而责仕于子墨子。子墨子曰："不仕子。子亦闻乎鲁语乎？鲁有昆弟五人者，丌父死，丌长子嗜酒而不葬，丌四弟曰：'子与我葬，当为子沽酒。'劝于善言而葬。已葬，而责酒于其四弟。四弟曰："吾末予之酒矣。子葬子父，我葬吾父，岂独吾父哉？子不葬，则子将笑子，故劝子葬也。'今子为义，我亦为义，岂独我义也哉？子不学，则子将笑子，故劝子于学。"

【注释】

［1］徇，疾也，快捷的意思。
［2］其年，即"期年"，一年整。

【译文】

　　有一个常到墨子处走动的人，墨子见他身体强健，思虑敏捷，就想让他跟随自己学道。墨子对他说："姑且跟着我学，将来我推荐你出仕做官。"那人被墨子的好话所打动，就跟着学了。时过一年，他向墨子要求出仕做官。墨子说："我不能推荐你。你也听说过鲁人的故事吗？鲁国有兄弟五人，他们的父亲死了，其长子成天喝酒，不料理丧葬之事。于是他的四个弟弟说：'你替我们办理好丧葬之事，我们将给你买酒喝。'大哥被这番话打动了，就去办理父亲的丧葬。安葬好父亲，大哥向四个弟弟要酒喝。四个弟弟说：'我们不给你酒，你安葬你的父亲，我们也安葬我们的父亲，这难道只是安葬我们四人的父亲吗？你不去料理丧葬之事，人家将会嘲笑你，因此我们才劝说你安葬父亲。'现在你行义，我也行义，难道只是我们自己有了道义吗？你不学习，人家就会嘲笑你，因此我们才劝你从学。"

【原 文】

有游于子墨子之门者,子墨子曰:"盍学乎?"对曰:"吾族人无学者。"子墨子曰:"不然。夫好美者,岂曰吾族人莫之好,故不好哉?夫欲富贵者,岂曰我族人莫之欲,故不欲哉?好美、欲富贵者,不视人犹强为之。夫义,天下之大器也,何以视人?必强为之。"

【译 文】

有一个常到墨子处走动的人,墨子对他说:"何不学习呢?"那人回答说:"我一族之中没有求学的人。"墨子说:"话不是这样说的。爱美的人,难道能说'我一族之中没有爱美的',因此自己也不爱美了吗?希望富贵的人,难道能说'我一族之中没有希望富贵的',因此自己也不想富贵了吗?真是爱美,真是希望富贵,就不要管他人的行事如何,自己仍然要努力求取它。义是天下最为伟大的东西,何必要去看他人的行事呢?自己必须努力去求取它。"

【原 文】

有游于子墨子之门者,谓子墨子曰:"先生以鬼神为明知，能为祸人哉福[1]，为善者富之，为暴者祸之。今吾事先生久矣，而福不至，意者先生之言有不善乎[2]？鬼神不明乎？我何故不得福也？"子墨子曰："虽子不得福，吾言何遽不善？而鬼神何遽不明[3]"子亦闻乎匿徒之刑之有刑乎[4]？"对曰："未之得闻也。"子墨子曰："今有人于此，什子，子能什誉之而一自誉乎？"对曰：'不能。""有人于此，百子，子能终身誉亓善而子无一乎？"对曰："不能。"子墨子曰："匿一人者犹有罪，今子所匿者若此亓多；将有厚罪者也，何福之求？"

【注释】

[1]"人哉"二字衍。
[2]意，疑词。
[3]何遽，"遽"亦"何"，"何遽"是复语。
[4]此句疑当作"子亦闻乎匿刑徒之有刑乎"，首"之"字衍，"刑徒"误倒。

【译文】

　　有一个游学于墨子门下的人，对墨子说："先生认为鬼神明察而智慧，能够降祸赐福，如果是行善的人，就赐福于他；如果是行恶的人，就降祸于他。现在我事奉先生很久了，可福分并没有到来，或许先生的话有不对之处呢？还是鬼神根本就不明察智慧呢？我为什么就得不到福呢？"墨子说："尽管你没有得到福，但我所说的话，何以就不对了呢？而鬼神何以就不明察智慧了呢？你也曾听说过，隐藏犯人是有罪的这一刑法吗？"那人回答说："没有听说过。"墨子说："假如现在这里有一个人，胜过你十倍，你能十倍地称赞他，而一点儿不称赞自己吗？"回答说："不能。"墨子又说："假如这里有人胜过你百倍，你能终身称赞他，而一点儿不称赞自己吗？"回答说："不能。"墨子又说："隐藏一个犯人尚且有罪，现在你所隐藏还如此之多，应该有很大的罪过呀，还能求得什么福呢？"

【原文】

子墨子有疾，跌鼻进而问曰："先生以鬼神为明，能为祸福，为善者赏之，为不善者罚之。今先生圣人也，何故有疾？意者先生之言有不善乎？鬼神不明知乎？"子墨子曰："虽使我有病，何遽不明？人之所得于病者多方，有得之寒暑，有得之劳苦，百门而闭一门焉，则盗何遽无从入？"

【译文】

墨子有病，跌鼻进来问墨子说："先生认为鬼神明察，能够降祸赐福，如果是行善的人，就奖赏他；如果是行不善的人，就惩罚他。现在先生已是圣人了，为什么还会生病呢？或许先生的话有不对之处呢？还是鬼神根本就不能明察知晓呢？"墨子说："即使我生病了，何以鬼神就不明察知晓了呢？一个人生病的原因很多，有的是因寒暑不调而生病，有的是因劳苦过度而生病。这好比一百扇门只关闭了一扇，盗贼何以就无处可入了呢？"

【原　文】

二三子有复于子墨子学射者，子墨子曰："不可。夫知者必量亓力所能至而从事焉，国士战且扶人，犹不可及也。今子非国士也，岂能或学又成射哉？"

【译　文】

有几个弟子告诉墨子，想学射箭。墨子说："不行。有智慧的人，一定要估量到是自己力所能及的事，才去从事于它。才能出众的人，一边同敌人交战，一边去搀扶受伤的士兵，尚且不能兼顾。现在你并不算才能出众的人，又怎么能够一边完成学业，同时又学好射箭的技艺呢！"

【原　文】

二三子复于子墨子曰："告子曰：'言义而行甚恶。'请弃之。"子墨子曰："不可。称我言以毁我行，愈于亡。

有人于此，翟甚不仁，尊天、事鬼、爱人，甚不仁，犹愈于亡也。今告子言谈甚辩，言仁义而不吾毁[1]，告子毁，犹愈亡也。"

【注释】

[1]"不"字衍。

【译文】

　　有几个弟子告诉墨子说："告子说您口里称道仁义，行为却十分恶劣。请先生抛弃他吧！"墨子说："不行。称赞我的言论而诽谤我的行为，总比完全不提到我要好。假定这里有一个人说：'墨翟很不仁，他崇敬天帝、侍奉鬼神、兼爱天下。'他虽然是说我很不仁，也总比完全不提到我要强。现在告子的言谈固然强辩，他承认我'言谈仁义'，而又诽毁我（的行为），但是告子的诽毁我，总还是比完全不提到我要好。"

【原文】

　　二三子复于子墨子曰："告子胜为仁。"墨子曰："未必然也！告子为仁，譬犹跂以为长[1]，隐以为广[2]。不可久也。"

【注释】

[1]跂，"企"字假音。踮脚尖的意思。

［2］隐，通"偃"，仰身。

【译文】

有几个弟子告诉墨子说："告子能担当奉行仁义的重任。"墨子说："不见得吧！告子奉行仁义，就好比踮起脚尖使个子增高，仰起身子使身体加宽，那是不能持久的。"

【原文】

告子谓子墨子曰："我治国为政[1]。"子墨子曰："政者，口言之，身必行之。今子口言之，而身不行，是子之身乱也。子不能治子之身，恶能治国政？子姑亡子之身乱之矣[2]！"

【注释】

［1］"我"下脱"能"字。
［2］"亡"当为"防"。

【译文】

告子对墨子说："我能治理国家，主持政务。"墨子说："政治方面的事务，光凭嘴上说说是不行的，还必须身体力行。现在你只是嘴上说说，却没有身体力行，那么你自身的言论和行为就互相错乱了。你连你自身尚且治理不好，又怎么能够治理国家，主持政务呢？你姑且先提防你自身的悖乱吧！"

卷十三

鲁问 第四十九

【原文】

鲁君谓子墨子曰:"吾恐齐之攻我也,可救乎?"子墨子曰:"可。昔者,三代之圣王禹、汤、文、武,百里之诸侯也,说忠行义,取天下。三代之暴王桀、纣、幽、厉,雠怨行暴[1],失天下。吾愿主君,之上者尊天事鬼,下者爱利百姓,厚为皮币,卑辞令,亟徧礼四邻诸侯[2],殴国而以事齐,患可救也,非此,顾无可为者[3]。"

【注释】

[1]"怨"当作"忠"。
[2]亟,同"疾"。
[3]顾,同"固"。

【译文】

鲁国的国君问墨子说:"我担心齐国要攻打我国。还可以解救吗?"墨子说:"可以解救。从前三代的圣王禹、汤、文王、武王,都是百里方域的小国诸侯,但他们喜爱忠臣,奉行仁义,终于得到了天下。三代的暴王桀、纣、幽王、厉王,仇视忠臣,奉行暴政,终于丧失了天下。我希望主君您上要崇敬天帝,侍奉鬼神;下要仁爱百姓,为百姓谋利,多置备一些毛皮钱币,辞令要谦卑,赶紧向四邻的诸侯敬礼问候,驱使全国人民从事抗击齐国的准备工作,这样灾患就可以解救。如果不这样做,那就确实没有办法了。"

【原文】

齐将伐鲁,子墨子谓项子牛曰:"伐鲁,齐之大过也。昔者,吴王东伐越,栖诸会稽;西伐楚,葆昭王于随[1];北伐齐,取国子以归于吴[2]。诸侯报其仇,百姓苦其劳,而弗为用,是以国为虚戾,身为刑戮也。昔者,智伯伐范氏与中行氏，兼三晋之地，诸侯报其仇，百姓苦其劳，而弗为用，是以国为虚戾，身为刑戮用是也[3]。故大国之攻小国也，是交相贼也，过必反于国。"

【注释】

[1] 葆，同"保"。"葆昭王于随"，据《左傅》定公四年（前506）吴军攻入楚郢都，楚斗辛与其弟巢，保护昭王逃至隋国。
[2] 据《左传》哀十一年（前484），吴败齐于艾陵，活捉齐将国书。
[3] "用是"衍。

【译文】

　　齐国将要攻打鲁国。墨子对项子牛说："攻打鲁国，这是齐国极大的过错。从前，吴王向东攻打越国，逼迫勾践栖居于会稽；向西攻打楚国，逼迫楚人保着昭王逃奔到随；向北攻打齐国，活捉了齐国的大将国书，凯旋而归。后来，诸侯们起来报仇，人民苦于劳累，不再听从吴王的驱使，所以国家成了废墟，无人继嗣，吴王自己也被杀死。从前智伯攻打范氏和中行氏，兼有了三晋的土地，后来，诸侯们起来报仇，百姓苦于劳累，不再听从智伯的驱使，所以国家成了废墟，无人继嗣，智伯自己也被杀死。因此，大国攻打小国，只能是相互残杀，太过分了必定反过来殃及本国。"

【原文】

子墨子见齐大王曰[1]:"今有刀于此,试之人头,倅然断之,可谓利乎?"大王曰:"利。"子墨子曰:"多试之人头,倅然断之,可谓利乎?"大王曰:"利。"子墨子曰:"刀则利矣,孰将受其不祥?"大王曰:"刀受其利,试者受其不祥。"子墨子曰:"并国覆军,贼敖百姓[2],孰将受其不祥?"大王俯仰而思之曰:"我受其不祥。"

【注释】

[1]"大"读作"太"。齐大王即太公田和。
[2]敖,古文"杀"字。

【译文】

墨子去见齐太王,说:"现在这里有一把刀,如果用人头来试刀,一下子就能砍断,可以算是锋利了吗?"太王说:"锋利。"墨子又说:"多用一些人头来试刀,也都一下子就砍断了,可以算是锋利了吗?"太王说:"锋利。"墨子接下去说:"刀试出了它的锋利,那么谁将遭受不祥呢?"太王说:"刀承受了锋利之名,持刀的人将遭受不祥。"墨子说:"那么兼并人家的国土,覆灭人家的军队,残杀人家的百姓,又将是谁遭受不祥呢？"太王将头一仰一俯地思索了许久，说道："是我要遭受不祥。"

【原　文】

　　鲁阳文君将攻郑，子墨子闻而止之，谓阳文君曰[1]："今使鲁四境之内，大都攻其小都，大家伐其小家，杀其人民，取其牛马狗豕布帛米粟货财，则何若？"鲁阳文君曰："鲁四境之内，皆寡人之臣也。今大都攻其小都，大家伐其小家，夺之货财，则寡人必将厚罚之。"子墨子曰："夫天之兼有天下也，亦犹君之有四境之内也。今举兵将以攻郑，天诛亓不至乎？"鲁阳文君曰："先生何止我攻郑也？我攻郑，顺于天之志。郑人三世杀其父[2]，天加诛焉，使三年不全。我将助天诛也。"子墨子曰："郑人三世杀其父而天加诛焉，使三年不全，天诛足矣。今又举兵将以攻郑，曰'吾攻郑也，顺于天之志。'譬有人于此，其子强梁不材[3]，故其父笞之，其邻家之父举木而击之，曰'吾击之也，顺于其父之志'，则岂不悖哉？"

【注　释】

[1]"谓"下脱"鲁"字。

[2]"三"当作"二","父"当作"君",下同。郑人二世杀其君,指弑哀公而立共公,弑共公之子幽公。

[3]强梁,强横任性。

【译文】

鲁阳文君将要攻打郑国,墨子听到这件事,就去制止他。墨子对鲁阳文君说:"现在假如让鲁阳的四境之内,大城去攻打小城,大家去攻打小家,残杀人民,夺取牛马、猪狗、布帛米粟、财货,那你将怎么办呢?"鲁阳文君说:"鲁阳的四境之内,都是我的臣民。如果现在大城攻打小城,大家攻打小家,夺取人家的财货,那我一定要严厉地处罚他们。"墨子说:"上天兼有天下,就如同你兼有鲁阳四境一样。现在你起兵将去攻打郑国,上天的处罚难道就不会降下来吗?"鲁阳文君说:"先生为什么要阻止我攻打郑国呢?我攻打郑国,正是顺从上天的意志。郑人连续三代都杀掉了自己的国君,上天降下诛罚,让郑国连续三年遭受饥荒。我只不过是帮助上天诛罚郑国呀!"墨子说:"郑人连续三代杀死自己的国君,于是上天降下诛罚,让郑国连续三年遭受饥荒,上天的诛罚已经足够了。现在您又起兵将要攻打郑国,还说:'我攻打郑国,是顺从上天的意志。'这就好比此处有一个人,他的儿子强横不成器,于是他鞭打了这个儿子,但是他邻里的家长,也举起木杖去打人家的儿子,还说:'我打他,不过是顺从他父亲的意志。'那难道不是违反常理吗?"

【原文】

子墨子谓鲁阳文君曰："攻其邻国，杀其民人，取其牛马、粟米、货财，则书之于竹帛，镂之于金石，以为铭于钟鼎，传遗后世子孙曰：'莫若我多。'今贱人也，亦攻其邻家，杀其人民，取其狗豕食粮衣裘，亦书之竹帛，以为铭于席豆，以遗后世子孙曰：'莫若我多。'亓可乎？"鲁阳文君曰："然吾以子之言观之，则天下之所谓可者，未必然也。"

【译文】

墨子对鲁阳文君说："攻打邻国，杀害邻国的人民，夺取邻国的牛马、米粟、财货，便把这些战果书写在竹帛上，刻镂在金石上，做成铭文记载在钟鼎上，留传给后代子孙，说：'没人有像我这样多的战果。'假如现在贱民们也都去攻打邻家，杀害邻家的人，夺取邻家的猪狗、粮食、衣服，也都书写在竹帛上，铭刻在几案和祭器上，留传给后代子孙，说：'没人有像我这样多的战果。'这能行吗？"鲁阳文君说："是啊！我按照您的说法审视天下的事情，则天下所认为对的事，未必就对啊！"

【原 文】

子墨子为鲁阳文君曰[1]:"世俗之君子,皆知小物而不知大物。今有人于此,窃一犬一彘则谓之不仁,窃一国一都则以为义,譬犹小视白谓之白,大视白则谓之黑。是故世俗之君子,知小物而不知大物者,此若言之谓也。"

【注 释】

[1]为,即"谓"字。

【译 文】

墨子对鲁阳文君说:"世俗的君子,都只明白小道理,而不明白大道理。假如现在这里有一个人,像窃了人家的一只狗或一头猪,就说他不仁,但是有人窃取了一个国家或一座城邑,却认为他合乎道义,这就好比看到一点白就叫它白色,看到很多白却又叫它黑色了。所以,世俗的君子只明白小道理,而不明白大道理,这就像上面所讲的一样啊!"

【原 文】

鲁阳文君语子墨子曰:"楚之南有啖人之国者桥,其国之长子生,则鲜而食之[1],谓之宜弟。美,则以遗其君，君喜则赏其父。岂不恶俗哉？"子墨子曰："虽中国之俗，亦犹是也。杀其父而赏其子，何以异食其子而赏其父者哉？苟不用仁义，何以非夷人食其子也？"

【注释】

［1］"鲜"当作"解"。

【译文】

鲁阳文君对墨子说："楚国的南面，有一个以吃人为俗的国家，叫做桥国。这个国家中的长子一生下来，立即被剖开吃掉，当地人把这种习俗叫做'宜弟'。假如味道鲜美，就把他拿给国君吃，国君吃得高兴了，就会奖赏孩子的父亲。这难道不是一种很坏的习俗吗？"墨子说："即令中原国家的习俗，也仍旧不过如此吧。让人家的父亲战死在沙场上，而去恤赏死者的孩子，这与吃人家的孩子而奖赏孩子的父亲，又有什么区别呢？假如自己不奉行仁义，又凭什么指责夷人吃自己的孩子呢？"

【原文】

鲁君之嬖人死，鲁君为之诔[1]，鲁人因说而用之[2]。子墨子闻之曰："诔者，道死人之志也，今因说而用之，是犹以来首从服也[3]。"

【注　释】

［1］"君"当作"人"。诔，祭文。

［2］"人"当作"君"。

［3］来首，疑即狸首。服，指服马。"以来首从服"，是说以狸来驾车。

【译　文】

鲁君所宠幸的人死了，鲁人特地为她作了一篇祭文，鲁君看后十分高兴，便采用了它。墨子听了说道："祭文是用来称道死者心志的，如今由于喜欢别人阿谀，才采用它，这就好比是用狸来驾车一样。"

【原　文】

鲁阳文君谓子墨子曰："有语我以忠臣者，令之俯则俯，令之仰则仰，处则静，呼则应。可谓忠臣乎？"子墨子曰："令之俯则俯，令人仰则仰，是似景也[1]；处则静，呼则应，是以响也，君将何得于景与响哉？若以翟之所谓忠臣者，上有过则微之以谏[2]，己有善，则访之上[3]，而无敢以告；外匡其邪，而入其善，尚同而无下比，是以美善在上，而怨仇在下，安乐在上，而忧戚在臣。此翟之所谓忠臣者也。"

【注释】

[1] 景，同"影"。

[2] 微，伺间隙，即选择适当的时机。

[3] 访，谋也。访之上，即进其谋于上。

【译文】

鲁阳文君对墨子说："有人向我描述过忠臣的样子：叫他俯首就俯首，叫他仰头就仰头，坐在那里静静的不说话，一呼唤他，就立即响应。这可以算是忠臣了吗？"墨子说："叫他俯首就俯首，叫他仰头就仰头，这就像影子一样了；坐在那里静静的不说话，一呼唤到他，就立即响应，这就像回声一样了。（试问）您能从影子和回声那里得到什么呢？要是依我，所谓忠臣应该是这样的：上面有了过失，就选择适当的时机加以规劝，自己有了好见解，就进献给上面，而不敢告诉别人；敢于匡正君主的邪恶，使他进入正道，始终保持和上面一致，不去迎合下面，于是美好的名声归之于君主，哀怨和仇恨由臣下自己承受，安乐归之于君主，而忧患由臣下担当。这就是我所说的忠臣了。"

【原文】

鲁君谓子墨子曰："我有二子，一人者好学，一人者好分人财,孰以为太子而可?"子墨子曰:"未可知也,或所为赏与为是也[1]。鲉者之恭[2],非为鱼赐也;饵鼠以虫,非爱之也。吾愿主君之合其志功而观焉。"

【注释】

[1] 赏与,即"赏誉"。
[2] 鲉,即"钓"。

【译文】

鲁君对墨子说:"我有两个儿子,一个好学,一个乐于把自己的钱财分给别人,立谁做太子合适呢?"墨子说:"仅凭这些还无法判断,也许他们只是为了奖赏和名誉才这样做的。这就好比钓鱼的人躬身,并不是为了向鱼表示敬谢;捕鼠人用虫子引诱老鼠,并不是因为喜爱老鼠。我希望君主您能把他们的志向和事功结合起来去观察。"

【原文】

鲁人有因子墨子而学其子者,其子战而死,其父让子墨子。子墨子曰:"子欲学子之子,今学成矣,战而死,而子愠,而犹欲粜,粜仇[1],则愠也。岂不费哉[2]!"

【注释】

[1]"籴"当作"粜",宝也。仇,即"售"。
[2]费,即"悖"。

【译文】

鲁国有个人因信奉墨子,而让他的儿子跟随墨子学习。后来儿子作战死去,父亲便责怪墨子。墨子说:"你要你的儿子跟我学习,现在学成了,因作战丧了命,你就恼怒,这好比想卖出谷物,一旦卖出去了却又恼怒,这难道不是违反常理吗?"

【原文】

鲁之南鄙人有吴虑者,冬陶夏耕,自比于舜,子墨子闻而见之。吴虑谓子墨子[1]:"义耳义耳,焉用言之哉?"子墨子曰:"子之所谓义者,亦有力以劳人,有财以分人乎?"吴虑曰:"有。"子墨子曰:"翟尝计之矣:翟虑耕而食天下之人矣,盛,然后当一农之耕,分诸天下,不能人得一升粟,籍而以为得一升粟[2],其不能饱天下之饥者,既可睹矣。翟虑织而衣天下之人矣,盛,然后当一妇人之织,分诸天下,不能人得尺布,籍而以为得尺布,其不能煖天下之寒者,既可睹矣。翟虑被坚执锐救诸侯之患,盛,然后当一夫之战,一夫之战其不御三军,既可睹矣。翟以为不若诵先王之道,而求其说,通圣人之言,而察其辞,上说王公大人,次匹夫徒步之士。

【注释】

[1]"子墨子"下脱"曰"字。
[2]籍而,假设。

【译文】

　　鲁国南部有一个名叫吴虑的乡野之人,冬天制作陶器,夏天耕种田地,把自己比作舜。墨子听说了,就去会见他。吴虑对墨子说:"义啊,义啊!哪里用得着去述说它呢?"墨子说:"你所说的义,也是指有多余的劳力就帮助别人,有多余的财富就分给别人吗?"吴虑说:"有的。"墨子说:"我曾经计算过:我设想耕田供天下人吃饭,充其量能抵上一个农夫的耕作,把它分给天下,每个人还得不到一升粟,就算每个人得到了一升粟,我也不能使天下挨饿的人都吃得饱,这是显而易见的事。我也曾设想织布供天下人穿衣,充其量能抵上一个妇人的纺织,把它分给天下,每个人还得不到一尺布,就算每个人得到了一尺布,我也不能使天下受寒的人都穿得暖,这也是显而易见的事。我还设想身披坚固的铠甲,手持锐利的兵器,去拯救诸侯们的患难,充其量能抵上一个士兵的作战,而一个士兵的作战，无法抵御三军的进攻，这也是显而易见的事。所以，我认为不如去诵习先王的道术，研究他们的学说，弄通圣人的话，研究圣人的文辞，对上劝说王公大人，其次去劝说平民百姓。

【原文】

王公大人用吾言，国必治；匹夫徒步之士用吾言，行必脩。故翟以为虽不耕而食饥，不织而衣寒，功贤于耕而食之、织而衣之者也。故翟以为虽不耕织乎而功贤于耕织也。"吴虑谓子墨子曰："义耳义耳，焉用言之哉？"子墨子曰："籍设而天下不知耕，教人耕，与不教人耕而独耕者，其功孰多？"吴虑曰："教人耕者其功多。"子墨子曰："籍设而攻不义之国，鼓而使众进战，与不鼓而使众进战而独进战者，其功孰多？"吴虑曰："鼓而进众者其功多。"子墨子曰："天下匹夫徒步之士，少知义；而教天下以义者，功亦多，何故弗言也？若得鼓而进于义，则吾义岂不益进哉？"

【译文】

如果王公大人采用我的学说，国家必定得到治理，如果平民百姓采用我的学说，品行必定得到修养。因此我认为，虽然不去耕田供挨饿的人吃饭，不去织布供受寒的人穿衣，功劳却比耕田供人吃饭、织布供人穿衣要大。因此我认为，我虽然没有耕田织布，但我的功劳却胜过耕田织布的人。"吴虑还是对墨子说："义啊，义啊！哪里用得着去述说它呢？"墨子说："假设天下人不会耕种，那么教人耕种的人与不教人而自己耕种的人比，谁的功劳大呢。"吴虑说："当然是教人耕种的人功劳大。"墨子又说："假设去攻打没有道义的国家，击鼓驱使士兵前进作战与不击鼓而自己独自前进作战的人比，谁的功劳大呢？"吴虑说："当然是击鼓命令士兵进击的人功劳多。"墨子说："天下的平民百姓，很少有人知道什么是道义；既然用道义教化天下的百姓，功劳也就更多，那为什么不去述说道义呢？如果能够鼓动大家去追求道义，那我的义岂不是更进一步发挥作用了吗？"

【原文】

子墨子游公尚过于越。公尚过说越王，越王大说，谓公尚过曰："先生苟能使子墨子于越而教寡人[1]，请裂故吴之地，方五百里，以封子墨子。"公尚过许诺。遂为公尚过束车五十乘，以迎子墨子于鲁，曰："吾以夫子之道说越王，越王大说，谓过曰，'苟能使子墨子至于越，而教寡人，请裂故吴之地，方五百里，以封子。'"子墨子谓公尚过曰："子观越王之志何若？意越王将听吾言，用我道，则翟将往，量腹而食，度身而衣，自比于群臣，奚能以封为哉？抑越不听吾言，不用吾道，而吾往焉，则是我以义粜也。钧之粜，亦于中国耳，何必于越哉？"

【注释】

[1]"于"上脱"至"字。

【译文】

墨子让公尚过前往越国游说。公尚过用墨子的道术劝说越王，越王大喜，对公尚过说："先生如果能让墨子来越国教我的话，我愿意分割原来吴国的土地五百里，封给墨子。"公尚过答应了这件事。于是越王为公尚过装备好五十辆马车，前往鲁国迎接墨子。公尚过说："我用夫子的道术去游说越王，越王大喜，对我说'如果让墨子来越国教我，我愿意分割原来吴国的土地五百里，封给墨子'。"墨子对公尚过说："你观察越王的志向怎样呢？或许越王将会听我的话，采用我的道义，那么我前往越国，不过是估计食量而吃饭，度量身长而穿衣，这和普通的臣下一样，怎么能以封地为报酬呢？若是越王不听我的话，不采用我的道术，而我前去越国，岂不成了向别人兜售道义？同样是向别人兜售道义，就在中原国家好了，又何必要在越国呢？"

【原文】

子墨子游。魏越曰："既得见四方之君子，则将先语?"子墨子曰:"凡入国,必择务而从事焉。国家昏乱,则语之尚贤、尚同;国家贫,则语之节用、节葬;国家憙音湛湎[1],则语之非乐、非命;国家淫僻无礼,则语之尊天、事鬼;国家务夺侵凌,即语之兼爱、非攻。故曰择务而从事焉。"

【注释】

[1] 憙,同"喜"。湛,同"沉";酒,沉于酒也。

【译文】

墨子将要出游。魏越说:"要是能见到四方的君主,应当先说什么呢?"墨子说:"凡是到一个国家,必须选择重要的事去做。国家昏乱,就告诉他'尚贤'和'尚同';国家贫穷,就告诉他'节用'和'节葬';国家喜好声乐,沉迷于饮酒,就告诉他'非乐'和'非命';国家淫邪无礼,就告诉他'尊天'和'事鬼';国家欺侮、掠夺,侵略、凌辱别的国家,就告诉他'兼爱'和'非攻'。所以说:要选择重要的事去做。"

【原文】

子墨子出曹公子而于宋[1]。三年而反,睹子墨子曰:"始吾游于子之门,短褐之衣,藜藿之羹,朝得之,则夕弗得，祭祀鬼神[2]。今而以夫子之教，家厚于始也。有家厚，谨祭祀鬼神。然而人徒多死，六畜不蕃，身湛于病。吾未知夫子之道之可用也。"子墨子曰："不然！夫鬼神之所欲于人者多，欲人之处高爵禄则以让贤也，多财则以分贫也。夫鬼神岂唯擢季拑肺之为欲哉[3]？今子处高爵禄而不以让贤，一不祥也；多财而不以分贫，二不祥也。今子事鬼神唯祭而已矣，而曰'病何自至哉'？是犹百门而闭一门焉，曰'盗何从入'？若是而求福于有怪之鬼[4]，岂可哉？"

【注释】

[1]"出"当作"士"。
[2]"祭祀"前脱"弗得"二字。
[3]"季"当作"黍"。擢、拑，拿取的意思，引申为贪图；黍、肺均是祭品。
[4]"怪"当作"灵"，"鬼"下脱"神"字。

【译文】

　　墨子推荐曹公子到宋国做官。三年后，曹公子回来见到墨子说："当初我游学到您的门下，穿的是粗布短衣，吃的是粗食野菜，早上得到吃食，晚上就得不到，所以不能去祭祀鬼神。现在由于是夫子教导的缘故，家里比当初富裕多了。既然家里富裕了，我便小心谨慎地去祭祀鬼神，可是反而家人死得多，六畜不繁殖，自己也染上病。我不明白夫子的道术（尊天事鬼），究竟有什么用处。"墨子说："话不是这样说的。鬼神希望于人的东西很多，鬼神希望人处身高位，享有厚禄时，就让给贤人，钱财多了，就分给穷人。鬼神难道只是贪图酒食祭品吗？现在你身居高官，享有厚禄而不让给贤人，这是第一件不吉祥的事；你的钱财很多而不分给穷人，这是第二件不吉祥的事。现在你事奉鬼神，不过是注重祭祀的形式罢了，而你却说：'病是从什么地方来的？'这就好比有一百扇门，只关掉了一扇门，自己却发问：'强盗是从什么地方进来的？'像你这样去请求灵验的鬼神福佑，那怎么能行呢？"

【原文】

鲁祝以一豚祭，而求百福于鬼神。子墨子闻之曰："是不可。今施人薄而望人厚，则人唯恐其有赐于己也。今以一豚祭，而求百福于鬼神，唯恐其以牛羊祀也。古者圣王事鬼神，祭而已矣。今以豚祭而求百福，则其富不如其贫也。"

【译文】

鲁国的司祭人用一头小猪去祭祀，祈求鬼神降下各种各样的福佑。墨子听到了这件事，便说道："这可不行。现在你施舍给人家的东西很少，而希望人家回报的东西很多，那样人家就会害怕你再施舍给他了。现在你用一头小猪去祭祀，而祈求鬼神降下各种各样的福佑，那样鬼神就会害怕你再用牛羊去祭祀。古代的圣王敬事鬼神，仅仅是通过祭祀来表达诚敬。现在你用小猪祭祀，祈求各种各样的福佑，那样，与其祭品太丰富，反而不如贫乏好了。"

【原文】

彭轻生子曰："往者可知，来者不可知。"子墨子曰："籍设而亲在百里之外，则遇难焉，期以一日也，及之则生，不及则死；今有固车良马于此，又有奴马四隅之轮于此，使子择焉，子将何乘？"对曰："乘良马固车，可以速至。"子墨子曰："焉在矣来[1]！"

【注释】

[1]"矣"当作"知"，其上又脱"不"字。

【译文】

彭轻生子说："过去的事情能够知道，未来的事情不能知道。"墨子说："假设你的父母在百里之外的地方，即将遭受灾难，以一日为期，能赶到那里，就能救活他们，如果不能赶到，他们就要死去；现在这里有坚固的车和骏马，另有劣马和四轮破车，让你去选择，你将乘坐哪一种呢？"彭轻生子回答说:"乘坐骏马和坚固的车,这样可以快速赶到。"墨子说:"那又怎么能说不可预知未来呢?"

【原 文】

孟山誉王子闾曰:"昔白公之祸[1],执王子闾[2],斧钺钩要[3],直兵当心[4],谓之曰:'为王则生,不为王则死。'王子闾曰:'何其侮我也!杀我亲而喜我以楚国,我得天下而不义,不为也,又况于楚国乎?'遂而不为[5]。王子闾岂不仁哉?"子墨子曰:"难则难矣,然而未仁也,若以王为无道,则何故不受而治也?若以白公为不义,何故不受王,诛白公然而反王?故曰难则难矣,然而未仁也。"

【注 释】

[1] 白公之祸,白公是楚平王的孙子,他于公元前479年发动叛乱。
[2] 执王子闾,劫持楚平王之子王子闾。
[3] 钩腰,逼近腰。
[4] 直兵,指剑矛等兵器。
[5] "遂"下脱"死"字。

【译 文】

孟山称赞王子闾说:"从前白公作乱,劫持了王子闾,用斧钺逼近他的腰，用刀剑抵着他的心，对他说：'你同意做楚王就能生，不同意做楚王就死。'王子闾说：'为什么要这样侮辱我呀！杀了我的亲人，却拿楚国的王位来让我开心。就算让我得到天下，如果丧失了道义，也不能去做，更何况给我楚国的王位呢？'他终究不愿做楚王，王子闾难道还不算是仁人吗？"墨子说："他这样做，难是很难了，但还不能算是仁。如果（王子闾）认为楚王无道，为什么不接受王位来治理好楚国呢？如果（王子闾）认为白公胜的做法不合道义，为什么不先接受王位（以楚王之权）诛杀白公胜然后交还王位给楚惠王呢？所以他这样做难是很难了，但还不能算是仁。"

【原文】

子墨子使胜绰事项子牛。项子牛三侵鲁地，而胜绰三从。子墨子闻之，使高孙子请而退之，曰："我使绰也，将以济骄而正嬖也[1]。今绰也禄厚而谲夫子[2]，夫子三侵鲁而绰三从，是鼓鞭于马靳也[3]。翟闻之：'言义而弗行，是犯明也。'绰非弗之知也，禄胜义也。"

【注释】

[1] 济骄而正嬖，济，制止；正嬖，纠正邪僻。
[2] 谲，欺骗。
[3] 鼓鞭于马靳，马靳，马的前胸；鼓鞭，鞭打。这是说鞭

打马前胸而又要马前进。

【译文】

墨子让胜绰去辅佐项子牛。项子牛三次侵占鲁国的土地，而胜绰三次都跟着干了。墨子听到这件事，便叫高孙子去请求项子牛斥退他，并说："我派胜绰去，是让他制止骄狂和纠正邪僻的。现在胜绰因俸禄优厚了，就欺骗夫子您。夫子您三次侵占鲁国的土地，而胜绰三次都跟着干，这就好比要马前进，却用鞭子去抽打马的前胸一样。我听说：'嘴里说的是道义，却不付诸行动，这就是明知故犯了。'胜绰并非不知道该怎么做，只是看重俸禄胜过于看重道义罢了。"

【原文】

昔者楚人与越人舟战于江，楚人顺流而进，迎流而退，见利而进，见不利则其退难。楚人迎流而进，顺流而退，见利而进，见不利则其退速，越人因此若埶[1]，亟败楚人。公输子自鲁南游楚，焉始为舟战之器，作为钩强之备[2]，退者钩之，进者强之。量其钩强之长，而制为之兵。楚之兵节，越之兵不节，楚人因此若埶，亟败越人。公输子善其巧，以语子墨子曰："我舟战有钩强，不知子义亦有钩强乎？"子墨子曰："我义之钩强，贤于子舟战之钩强。我钩强，我钩之以爱，揣之以恭[3]。

弗钩以爱，则不亲；弗揣以恭，则速狎；狎而不亲则速离。故交相爱，交相恭，犹若相利也。今子钩而止人，人亦钩而止子；子强而距人，人亦强而距子。交相钩，交相强，犹若相害也。故我义之钩强，贤子舟战之钩强。"

【注释】

［1］因此若埶，"埶"即"势"；"若"，此也；"此若"，复语。"因此若埶"，即"借着这种有利的水势"。
［2］强，通"镶"，是推拒之器。
［3］揣，当作"强"，通"镶"。

【译文】

从前，楚人和越人在长江上进行船战。楚人顺流前进，逆流退却；看到战事有利就进击，但是看到战事不利要退下来，却很困难。越人逆流前进，顺流退却，看到战事有利就进击，看到战事不利要退下来，却十分迅捷。越人凭着这种水势，屡屡击败楚人。公输子从鲁国南游到楚国后，开始制造船战的兵器，做成了钩和镶两种装备，敌船退却时，就用钩去钩住它；敌船进攻时，就用镶去推拒它。公输子估量钩与镶的长度，制造出新型兵器。楚国的兵器符合船战节度，越国的兵器不符合船战节度，楚人凭着这种优势，屡屡击败越人。于是，公输子夸耀钩与镶的灵巧，来告诉墨子说："我进行船战，有钩和镶两种兵器，不知道你的道义，也有它的钩镶吗？"墨子说："我那道义的钩镶，胜过你那船战的钩镶。我的钩是用爱做成的，我的镶是用恭做成。不用爱做钩，就不会亲和无间；不用恭做镶，就轻慢不敬；轻慢而又不亲和，就会离心离德。因此，彼此相爱，彼此恭敬，也就是彼此相利。现在你用钩止住别人，别人也用钩来止住你；你用镶来推拒别人，别人也用镶来推拒你。彼此相钩，彼此相镶，也就是彼此相害。因此我那道义的钩镶，胜过你那船战的钩镶。"

【原文】

公输子削竹木以为鹊，成而飞之，三日不下。公输子自以为至巧。子墨子谓公输子曰："子之为鹊也，不如匠之为车辖[1]，须臾刘三寸之木[2]，而任五十石之重。故所为功，利于人谓之巧，不利于人谓之拙。"

【注释】

[1] 车辖，车轴两头的车键。
[2] "刘"当作"鐂"，斫也。

【译文】

公输子用竹子和木头削鹊，做成后放到天空去飞，三天不坠落。公输子自以为再巧妙不过了。墨子对公输子说："你做鹊比不上普通工匠做车键，只需片刻工夫，就可以斫成三寸的木键，用它能负载五十石重的东西。因此，匠人所做的工，有利于人，就叫作巧妙；不利于人，就叫作拙劣。"

【原文】

公输子谓子墨子曰："吾未得见之时，我欲得宋，自我得见之后，予我宋而不义，我不为。"子墨子曰："翟之未得见之时也，子欲得宋，自翟得见子之后，予子宋而不义，子弗为，是我予子宋也。子务义，翟又将予子天下。"

【译文】

公输子对墨子说："我还没有见到你时，我很想得到宋国，自从我见到你之后，给我宋国而要我做不义的事情，那我就不肯做了。"墨子说："我还没有见到你时，你想得到宋国，自从我见到你之后，给你宋国而要你做不义的事情，你就不肯去做了，那是因为我（给了你道义，也就）给了你宋国。你努力维护道义，我还将把天下都给予你。"

公输 第五十

【原文】

公输盘为楚造云梯之械[1],成,将以攻宋。子墨子闻之,起于齐,行十日十夜而至于郢,见公输盘。

【注释】

[1] 云梯,古代登高以攻城的梯子,因为高,故名"云梯"。"臣"下脱"者"字。

【译文】

公输般给楚国制造云梯,制成之后,将用来攻打宋国。墨子听到了这一消息,就从齐国起程,步行了十天十夜,到达楚国的郢都,去见公输般。

【原文】

公输盘曰:"夫子何命焉为?"子墨子曰:"北方有侮臣,愿借子杀之[1]。"公输盘不说。子墨子曰:"请献十金。"公输盘曰："吾义固不杀人。"子墨子起，再拜曰："请说之。吾从北方，闻子为梯，将以攻宋。宋何罪之有？荆国有余于地，而不足于民，杀所不足，而争所有余，不可谓智。宋无罪而攻之，不可谓仁。知而不争，不可谓忠。争而不得，不可谓强。义不杀少而杀众，不可谓知类。"公输盘服。子墨子曰："然。乎不已乎[2]？"公输盘曰："不可。吾既已言之王矣。"子墨子曰："胡不见我于王？"公输盘曰："诺。"

【注释】

[1] 借，同"借"。
[2] 上"乎"字即"胡"字之误。

【译文】

公输般说："夫子有什么事见教呢？"墨子说："北方有个人侮辱了我，希望能借你的手杀掉他。"公输般感到不快。墨子又说："我愿意为此奉送你十镒黄金。"公输般说："我奉行道义，绝不杀人。"墨子起身再拜，说道："请听我陈述。我在北方听说你正在造云梯，准备用来攻打宋国。宋国有什么罪呢？楚国土地富余而人口不足。杀伤自己不足的人口，去争夺自己富余的土地，这不能说是明智的。宋国没有罪，却无故攻打它，不能说是仁慈的。明明知道宋国没有罪，（却顺从楚王）不据理抗争，不能说是忠诚的。抗争了却不能制止，不能说是有力量的。假如你奉行的道义是不杀一人,却要杀害众多百姓,就不能说你明辨事理了。"公输般听后表示折服。墨子进而又说:"那何不取消攻打宋国呢?"公输般说:"不行!我已经答应过楚王了。"墨子说:"那你何不引我见一下楚王呢?"公输般说:"行。"

【原文】

子墨子见王,曰:"今有人于此,舍其文轩[1],邻有敝舆[2],而欲窃之;舍其锦绣,邻有短褐,而欲窃之;舍其粱肉,邻有糠糟,而欲窃之,此为何若人?"王曰:"必为窃疾矣[3]。"子墨子曰:"荆之地,方五千里,宋之地,方五百里,此犹文轩之与敝舆也;荆有云梦,犀兕麋鹿满之,江汉之鱼鳖鼋鼍为天下富,宋所为无雉兔狐狸者也[4],此犹粱肉之与糠糟也;荆有长松、文梓、楩枏、豫章,宋无长木,此犹锦绣之与短褐也[5]。臣以三事之攻宋也,为与此同类。臣见大王之必伤义而不得。"王曰:"善哉!虽然,公输盘为我为云梯,必取宋。"

【注释】

[1] 文轩,饰彩的车子。
[2] 敝舆,破车。舆,古同舆。

[3]"必为"下脱"有"字。

[4]"为"通"谓";"狐貍"当作"鲋鱼"。

[5]短褐,短,"裋"之借字。

【译 文】

　　墨子见到楚王说:"现在这里有一个人,舍弃自己饰彩的车乘,(见)邻里有辆破车,却想偷窃它;舍弃自己锦绣丝衣,(见)邻里有件粗布上衣,却想偷窃它;舍弃自己米饭肥肉,见邻里有些糟糠,却想偷窃它。这算什么样的人呢?"楚王说:"这一定是有偷窃毛病的人。"墨子说:"楚国的土地,有方圆五千里;宋国的土地,只有方圆五百里,这犹如彩车与破车相比;楚国有云梦泽①,泽中到处是犀、兕②、麋、鹿,长江、汉水的鱼、鳖、鼋、鼍是天下最丰富的,宋国却连野鸡、兔子、小鲫鱼都没有,这犹如米饭大肉同糟糠相比;楚国有长松、文梓、楩楠、豫章③,宋国却没有成材的大树,这犹如锦绣丝衣同粗布上衣相比。我认为用这三件事对比您攻打宋国,正与上面所说的同属一类情况。我看大王必定会败坏道义而一无所获。"楚王说:"说得好!但即便如此,只要公输般给我造出云梯,就一定能攻取宋国。"

---

① 云梦泽,古代的大泽,位于今湖北、湖南之间。
② 兕,雌性犀牛。
③ 长松、文梓、楩枏、豫章,都是优质乔木,有用之材。

【原 文】

　　于是见公输盘。子墨子解带为城，以牒为械。公输盘九设攻城之机变，子墨子九距之。公输盘之攻械尽，子墨子之守圉有余[1]。公输盘诎[2]，而曰："吾知所以距子矣，吾不言。"子墨子亦曰："吾知子之所以距我，吾不言。"楚王问其故。子墨子曰："公输子之意，不过欲杀臣。杀臣，宋莫能守，可攻也。然臣之弟子禽滑釐等三百人，已持臣守圉之器，在宋城上而待楚寇矣。虽杀臣，不能绝也。"楚王曰："善哉！吾请无攻宋矣。"

【注 释】

[1] 圉，通"御"。
[2] 诎，通"屈"。

【译 文】

　　于是墨子又去见公输般。墨子解下腰带做城墙，用木片做攻城的器械①。公输般九次设制攻城的机巧器械，墨子九次都抗拒住了进攻②。公输般攻城的器械用完了，墨子守御的办法仍有余。公输般只好屈服，便说："我知道怎么对付你了，我

---

① 原文"牒"，小木片。
② 原文"距"，同拒。

不说出来。"墨子也说："我知道你怎么对付我了，我也不说出来。"楚王问这是为什么。墨子说："公输子的意思，不过是要杀掉我。杀了我，宋国没人能守住城，就可以攻打宋国了。可是臣的弟子禽滑釐等三百人，已经拿着臣设计的守御器械，在宋城上等候楚军入侵了。就算杀了我，也无法灭绝对手了。"楚王说："好！我不去攻打宋国了。"

【原文】

子墨子归，过宋，天雨，庇其闾中，守闾者不内也[1]。故曰："治于神者，众人不知其功，争于明者，众人知之。"

【注释】

[1] 守闾者不内，据《周礼·乡大夫》："国有大故，则令民各守其闾，以待政令。"闾，里门。守闾者，即守里门之人。内，同"纳"。

【译文】

墨子归来，途经宋国时，天上下起大雨，墨子就到一个闾门内避雨，不料守里门的人不放他进去。所以说：运用智慧神妙地治事的人，大家往往不知道他的功劳；在众人都明了的小事上竞争的人，大家却都知道他！

□□第五十一(缺)

卷十四

备城门第五十二

【原 文】

禽滑釐问于子墨子曰："由圣人之言，凤鸟之不出[1]，诸侯畔殷周之国，甲兵方起于天下，大攻小，强执弱。吾欲守小国，为之奈何？"子墨子曰："何攻之守？"禽滑釐对曰："今之世常所以攻者：临、钩、冲、梯、堙、水、穴、突、空洞、蚁傅、轒辒、轩车[2]，敢问守此十二者奈何？子墨子曰："我城池修，守器具，推粟足[3]，上下相亲，又得四邻诸侯之救，此所以持也。且守者虽善，则犹若不可以守也。若君用之守者，又必能乎守者；不能而君用之，则犹若不可以守也。然则守者必善而君尊用之，然后可以守也。

【注释】

[1] 凤鸟不出，语出《论语·子罕》。凤鸟是古代传说中的一种神鸟，它的出现，象征圣人将出世。
[2] 临，指积土为高台以临守城；钩，指用钩梯爬城；冲，指用冲车攻城；梯，指云梯；堙，指填塞护城濠沟、水，指敌方决水淹城；穴，指挖坑道攻城；突，指突然袭击；空洞，指挖洞攻城；蚁傅，指集结队伍像蚂蚁一样爬城；轒辒，指用蒙以牛皮的四轮车攻城；轩车，即高耸之车。
[3] 推，当作"樵"。

【译文】

　　禽滑釐向墨子求问说："自从圣王说过凤鸟不再出现起，各国诸侯先后叛离周王朝，武装力量之间的冲突开始兴起于天下，大国攻打小国，强者欺凌弱者。我想帮助小国守御，请问该怎么办呢？"墨子说："你指的是守御什么样的进攻呢？"禽滑釐回答说："现代常用的攻城方法是：临、钩、冲、梯、堙、水、穴、突、空洞、蚁付、轒辒、轩车，请问对于这十二种攻城方法，该如何守御呢？"墨子说："把城墙及护城河修好，守御器械准备齐，柴粮储备充足，在上的官吏和在下的百姓士兵和睦相亲，又取得四邻诸侯的救援，这就是守御的条件。而且，守城之人虽然善于防守，〔如果国君不能信任他，〕那么还是等于不可防守。国君所任用的守城之人，要一定是能胜任防守职责的；如果不具备守御才能而国君任用他，那么也还是等于不可防守。可见，守城之人一定既要善于防守，又要有国君的尊重和信任，然后才可以守城。

【原文】

"凡守围城之法，厚以高[1]，壕池深以广；楼撕揗[2]，守备缮利，薪食足以支三月以上；人众以选，吏民和，大臣有功劳于上者多，主信以义，万民乐之无穷。不然，父母坟墓在焉；不然，山林草泽之饶足利；不然，地形之难攻而易守也；不然，则有深怨于适而有大功于上；不然，则赏明可信而罚严足畏也。此十四者具则民亦不宜上矣，然后城可守。十四者无一，则虽善者不能守矣。

【注释】

[1] "厚"上脱"城"字。
[2] 撕，当作"榭"；揗，当作"修"，楼榭，又称历榆，古代城（或宅院）四角供了望之用的楼。

【译　文】

"守御围城的原则方法是：城墙又高又厚，护城的濠沟要又深又广；修好了望楼，守城器械完备而便于使用，柴粮储存充足，能够供全城食用三个月以上；守城人口多，足供挑选守城士兵，官吏与民众和谐一致，大臣在守城中为君上建立很多功劳，君主讲信义，广大民众生活无限快乐。或者，守城人的父母的坟墓就在附近，或者山林和草泽里的物产十分丰富，可以给人民带来足够的利益，或者所守之地难攻易守，或者守城之人对敌国有很深的积怨而对主上却又有过大功，或者奖赏条例明白可以信赖而惩罚严厉足以使人畏惧。这十四种条件都具备了，还要做到使民众信任他们的上司，然后城池才可以守住。十四种条件中，一条都做不到，那么就是善于守御的人也不能守住。

【原　文】

"故凡守城之法，备城门为县门沈机，长二丈，广八尺，为之两相如；门扇数令相接三寸，施土扇上，无过二寸。堑中深丈五，广比扇，堑长以力为度，堑之末为之县，可容一人所。客至，诸门户皆令凿而慕孔孔之[1]，各为二幕二[2]，一凿而系绳，长四尺。城四面四隅，皆为高磨𢁩[3]，使重室子居亓上候适[4]，视亓僱状与其进左右所移处[5]，失侯斩。

【注释】

[1]"幂"当作"幂",第二个"孔"字衍。
[2]"幂"当作"幂",第二个"二"字衍。
[3]"磨㭊"当为"磨㭊"。
[4]重室子,即贵家子弟;适,即"敌",候适,即欢视敌人。
[5]"䏻",即"熊"字。

【译文】

"一般守城的方法：守备城门要安装悬门以及可以吊起和放下悬门的机关。悬门长二丈，宽八尺，两扇门规格一样；两扇门紧紧相接使相接处错合有三寸之宽，在两扇悬门上涂上泥，厚度不要超过二寸。正对悬门下落处挖一坑，深一丈五尺，阔度与悬门的宽度一样，长度要以人力所及为标准，在坑的末端留一可以容纳一名操作悬门的人的处所。敌人来了，各城门都凿好小孔，每门各有二孔，一孔中系绳，绳长四尺。城的四面四角都建造高高的了望楼，使贵家子弟守在上面了望敌人，监视敌人的状态以及敌人前进、后退、向左右移动的位置，了望失职者，杀头。

【原 文】

"适人为穴而来,我亟使穴师选本[1],迎而穴之,为之且内弩以应之[2]。

"民室杵木瓦石[3],可以盖城之备者[4],尽上之。不从令者,斩。

【注 释】

[1]"本"当作"士"。
[2]"且"当作"具"。
[3]"杵"当作"材"。
[4]"盖"当作"益"。

【译 文】

"敌人挖坑道来攻,我方立即令坑道师挑选士兵,迎头挖坑道,并为此准备好短弩以应射击敌人的需要。

"平民家的木材、瓦、石头,凡是有助于城池守备的,都要上交。不服从命令的,杀头。

【原 文】

"昔筑[1],七尺一居属[2],五步一垒[3]。五筑有锑[4]。长斧,柄长八尺。十步一长镰,柄长八尺。十步一斸[5]，长椎，柄长六尺，头长尺，斧亓两端[6]。三步一大铤[7]，前长尺，蚕长五寸。两铤交之置如平，不如平不利[8]，兑亓两末。

冗队若冲队，必审如攻队之广狭，而令邪穿亓穴，令亓广必夷客队。

【注释】

[1]"昔"当作"皆"。皆筑，孙诒让认为"似言皆有筑以备筑城也"。
[2]居属，指锄头。
[3]垒，当为"虆"，盛土的笼筐。
[4]锑，岑仲勉认为"锑"即"蒂"，筑土之杵。
[5]"斸"当作"斸"。
[6]"斧"当作"兑"。
[7]"铤"当作"鋋"。
[8]"不如平"当作"如不平"。

【译文】

"准备好所有筑城工具：每七尺一把锄头，五步远一只盛土笼筐，一根筑土的杵，一把柄长八尺的长斧。十步远一把柄长八尺的长镰刀，一把砍削工具，一把柄长六尺头长一尺的长椎，两头削尖。三步一把短矛，短矛前部长一尺，矛尖长五寸。两支短矛交叉放置一定要很平，如果不平则使用不利，两头都要锐利。

"打穴道以抵抗敌人穴攻,一定要清楚地知道敌人进攻穴道的广狭,而使我方穴道斜穿敌人穴道,使它一定能填平敌人穴道。

【原文】

"疏束树木,令足以为柴抟。毌前面树长丈七尺一以为外面[1],以柴抟从横施之,外面以强涂,毋令土漏。令亓广厚,能任三丈五尺之城以上。以柴木土稍杜之[2],以急为故。前面之长短,豫蚤接之,令能任涂,足以为堞,善涂亓外,令毋可烧拔也。

【注释】

[1] 毌,"贯"之古字。
[2] 杜,当作"佐"。

【译文】

"把小树木捆扎起来,使之为一捆捆的柴抟。从前端贯穿长一丈七尺的树一根放在柴抟外面,把柴抟堆在里面,纵横交错地堆积,外面再涂上黏性强韧的泥巴,不要让土漏落。使柴抟堆的广度和厚度能胜任三丈五尺高的城墙之屏障。用柴抟、树木、泥土帮助加固城墙,以坚固为务。柴抟前端的长短,应预先弄整齐，使之能够涂泥巴，使它完全能够充当城堞，好好地涂抹（柴抟）外围，不要让敌人烧掉或拔掉。

【原 文】

"大城丈五为闺门，广四尺。

"为郭门，郭门在外，为衡，以两木当门。凿亓木维敷上堞。

"为斩县梁[1]，酘穿断城[2]，以板桥邪穿外，以板次之，倚杀如城报[3]。城内有傅壤，因以内壤为外[4]。凿亓间，深丈五尺，室以樵，可烧之以待适。

【注 释】

[1]"斩"，"堑"之省。
[2]酘，即"令"。
[3]"报"当作"势"。
[4]两"壤"字皆当为"堞"字。

【译 文】

"大城要建造一丈五尺高的闺门，宽四尺。

"建造郭门，郭门在（闺门）外，做横木，用两根横木挡闭郭门。横木上凿孔，用绳穿过孔系起来与城上堞墙连起来。

"制造像堑濠上吊桥一样的悬梁，使板桥从城上缺口处斜伸向外，再用另一板承接，板桥的坡度要根据城墙的形势确定。城内要有傅堞，因此原有的内堞就成为外堞。在内外堞间凿堑沟，深一丈五尺，里面填满了柴草，可燃烧以抵御敌人。

【原文】

"令耳属城[1]。为再重楼。下凿城外堞，内深丈五，广丈二。楼若令耳，皆令有力者主敌，善射者主发，佐皆广矢[2]。

"治裾诸[3]，延堞，高六尺，部广四尺，皆为兵弩简格[4]。

"转射机[5]，机长六尺，貍一尺。两材合而为之辐，辐长二尺。中凿夫之为道臂[6]，臂长至桓[7]。二十步一，令善射之者[8]。佐一人，皆勿离。

"城上百步一楼，楼四植[9]，植皆为通舄[10]。下高丈，上九尺，广、丧斧丈六尺[11]，皆为宁[12]。三十步一突，九尺，广十尺，高八尺，凿广三尺，表二尺[13]，为宁。

【注释】

[1] 令耳，未详其制。
[2] "广"当作"厉"。

[3]"诸"当作"者"。"裾"当作"椐",以柴竹编制的藩篱。

[4]简格,"简"同"阑",阻也。

[5]转射机,一种旋转发射的机弩。

[6]"夫",露出的部分。"之"当作"二","道"当作"通"。

[7]桓,当作"垣"。

[8]"令善射之者佐"当为"令善射者主之"。

[9]植,柱子。

[10]舄,同礩,柱下石。通舄,指两根柱子共一块基石。

[11]"丧"当作"袤",长也。

[12]宁,王闿运以为当作"窗",今从。

[13]表,亦当作"袤"。

【译文】

"令耳靠着城墙。建造两层的楼房。在城墙外与堞之间凿穴,深一丈五,宽一丈二。楼房及令耳,都要命令有勇力的人主持迎敌,善于射箭的人射箭,再以厉矢辅助配合。

"编治藩篱,与城堞相连,高六尺,各宽四尺,都配置兵弩以拦阻敌人。

"转射机,机身长六尺,埋入土中一尺。用两根木材结合做成车辊(使转射机稳定而不摇摆),车辊长二尺。在转射机身露出地面部分的中部凿孔,插入通臂,臂长伸至城墙垣。每二十步一座转射机，命令善射者主持，一人辅佐，都不得离开。

"城上每百步建一座楼，每座楼有四根柱子，每两根柱子共一块基石。楼的下层高一丈，上层高九尺，宽、长各一丈六尺，都安上窗户。每三十步有一突门，长九尺，宽十尺，高八尺，开凿一宽三尺、长二尺的窗。

【原 文】

"城上为攒火[1]，夫长以城高下为度，置火亓末。

"城上九尺一弩、一戟、一椎、一斧、一艾[2]，皆积参石[3]、蒺藜。

"渠长丈六尺[4]，夫长丈二尺，臂长六尺，开貍者三尺，树渠毋傅堞五寸。

"借莫长八尺[5]，广七尺，亓木也广五尺[6]，中借苴为之桥[7]，索亓端。适攻，令一人下上之，勿离。

"城上二十步一借车，当队者不用此数。

"城上三十步一藉灶[8]。

【注 释】

[1] 攒火，岑仲勉以为即火欑，守城一方投向敌方土山用以烧敌的工具。
[2] 艾，刘之备字，镰也。

［3］参，当作"絫"。

［4］渠，一种守城器械。

［5］借莫，即遮幕，用以遮挡矢石。

［6］木也，是"枛"字误分为二，枛，木架。

［7］苴，当作"莫"，即幕。桥，一种可以牵扯上下的工具。

［8］"罋"当作"垄"。

【译文】

"城上安置火櫼，火櫼的柄长以城的高下为标准，在它的末端安置火具。

"城上每九尺设一张弩、一支戟、一把锥、一把斧、一把长镰，各处都堆积礌石、蒺藜。

"渠长一丈六尺，外露在地面的柄长一丈二尺，臂长六尺，埋在土中部分长三尺，竖立渠的地方靠近城堞不少于五寸。

"借幕长八尺，宽七尺，其木架宽五尺，在借幕中部安有桥，桥端系上绳索。敌人攻来时，命令一人上下牵扯，不能离开。

"城上每二十步一架借车，正当隧道之处不按这个数目。

"城上每三十步安一垄灶。

【原文】

"持水者必以布麻斗、革盆,十步一。柄长八尺[1],斗大容二斗以上到三斗。敝裕[2]、新布长六尺,中拙柄[3],长丈,十步一,必以大绳为箭[4]。

"城上十步一�。

"水瓵,容三石以上,大小相杂。盆、蠡各二财[5]。

"为卒干饭,人二斗,以备阴雨,面使积燥处[6]。令使守为城内堞外行餐。

"置器备,杀沙砾铁,皆为坏斗。令陶者为薄瓵,大容一斗以上至二斗,即用取,三秘合束坚[7]。

【注释】

[1] 岑仲勉认为"柄长八尺"前有"为斗"二字,旧本误错于下。今当从岑说移正。
[2] "裕"当作"绤"。
[3] 拙,音同"缀",缀柄"即安上柄。
[4] 箭,通"揾",缝缀之意。
[5] 蠡,即葫芦瓢,盛水工具。
[6] "面"当作"而"。
[7] "三秘"当作"絫施",犹曰叠置。

【译文】

"一定要用布麻斗、皮革盆盛水,十步远一件。斗柄长八尺，可以容二斗到三斗水。用破烂麻布或新布做布麻斗，长六尺，中间安上柄，长一丈，十步一只，一定要用大绳缝缀。

"城上每十步有一把钪。

"能容三石以上水的水缸，大小相间杂。皮革盆、葫芦瓢各两只。

"为士兵准备干饭，每人二斗，为防备阴雨潮湿，要把它储放在干燥处。派士兵为守卫城内外堞的人送餐。

"设置撒布沙砾和铁屑的器具，都用粗烧的瓦斗。让陶工制作薄坛子，大小可容一斗以上至二斗，以备取用，垒叠好，用绳索把它们捆束牢固。

【原　文】

"（为斗）城上隔栈[1]，高丈二，剡亓一末。

"为闺门，闺门两扇，令可以各自闭也。

"救闉池者，以火与争。鼓橐，冯埴外内[2]，以柴为燔。

【注　释】

[1]"为斗"二字，据岑仲勉说当在"柄长八尺"前，今从。
[2]"埴"当为"垣"。

【译　文】

"城上隔栈，高一丈二，把它的一端削尖。

"建造闺门,闺门有两扇,使它们可以自己开闭。

"阻止敌人填塞护城濠之方法,是用火与他们斗争。在女墙内外焚烧木柴,鼓动风箱(把烟火吹向敌人)。

【原文】

"灵丁,三丈一,火耳施之[1]。十步一人,居柴内弩,弩半[2],为狗犀者环之。墙七步而一。

"救车火[3],为烟矢射火城门上[4],凿扇上为栈,涂之,持水麻斗、革盆救之。门扇薄植,皆凿半尺一寸一涿弋[5],弋长二寸,见一寸,相去七寸,厚涂之以备火。城门上所凿以救门火者[6],各一垂水,火三石以上[7],小大相杂。

【注释】

[1] 灵丁,岑仲勉认为是瓴甋之音转,瓴甋似罂有耳。"火耳"当作"犬牙"。
[2] "弩"当作"柴"。
[3] "车"当作"熏"。熏,灼也。
[4] 烟矢,一种附着火种的箭。
[5] "半尺"衍。涿弋,小木桩。
[6] 凿,当作"置",安置、放置的意思。
[7] "火"当作"舍"。

【译文】

"三丈远一个灵丁,犬牙交错地安放。每十步远有一人堆积柴抟和弩箭,柴抟中部用狗尸绳环束起来。城墙上每七步远一……

"敌人以火烧(城门),守方救护之法:敌人用附着火种的箭射烧城门,(守方)在城门上凿孔安装小木桩,用泥涂好,用盛满水的麻布斗和皮革盆救火。门扇和柱上都凿孔深一寸,每孔安上一小木桩,每只木桩长二寸,露在孔外的长度为一寸,两弋之间相距七寸,涂上厚厚的泥巴以防备火箭。城门上所安置用以救城门失火的设备,各有一个储水器,每个能容水三石以上,大小错杂放置。

【原文】

"门植关必环锢,以锢金若铁镶之。门关再重,镶之以铁,必坚。梳关,关二尺,梳关一觅,封以守印,时令人行貌封,及视关入桓浅深。门者皆无得挟斧、斤、凿、锯、锯、椎。

"城上二步一渠,渠立程[1],丈三尺[2],冠长十丈,辟长六尺,二步一苔,广九尺[3],表十二尺。

"二步置连梃、长斧、长椎各一物;枪二十枚,周置二步中。

"二步一木弩，必射五十步以上。及多为矢，节毋以竹箭[4]，楛、赵搈、榆，可[5]。盖求齐铁夫[6]，播以射䖒及枕枞[7]。

"二步积石，石重千钧以上者五百枚。毋百以亢，疾犁、壁，皆可善方[8]。

"二步积苙[9]，大一围，长丈，二十枚。

"五步一罂，盛水。有奚[10]，奚蠡大容一斗。

【注 释】

[1] "程"当作"桯"。
[2] "三"当作"二"。
[3] "广"上脱"苔"字。
[4] "节"当作"即"；"以"字衍。
[5] "楛"上脱"以"字，"搈"疑当作"樏"，柘之借字。
[6] "盖"当作"益"，"夫"当作"矢"。
[7] "䖒"即"衝"之讹。衝，即冲梯。枕枞，用以窥伺对方之建筑物。
[8] 壁，甓砖；善方，缮防。
[9] "苙"当作"苴"。
[10] "奚"下脱"蠡"。

【译 文】

"用来关闭城门的直木和横木一定要坚固，用铜铁包卷。

城门横木上下两道，用铁包卷，使之十分坚固。城门横木上加楗，楗长二尺，楗上一把锁，锁上加封盖有太守之印的封条，不时派人察看封条形状以及门楗插入直木的深浅。看守城门的人都不得携带斧、斤、凿、锯、椎等。

"城上每两步置一渠，渠是直立的柱，一丈二尺长，渠顶长十尺，渠臂长六尺。每两步置一荅，宽九尺，长十二尺。

"（城上）每两步置连梃、长斧、长椎各一把；长枪二十支分放在二步范围中。

"（城上）每两步安置一木弩，其射程一定要达到五十步以上。准备大量箭。即使没有竹箭，用楛矢、赵地所产的柘、榆木制成的箭也可以。多求取齐铁做成箭，把它们分布在城上各处以射击敌人的冲梯和栊枞。

"（城上）每两步堆积一堆石头，重十五斤以上的石头五百枚。没有石头可用以抗敌，用蒺藜、砖块都可以充作防备工具。

"（城上）每两步储积火炬，火炬大一围，长一丈，共二十枚。

"（城上）每五步安置一个坛子（罂），里面盛水。还有葫芦瓢，大小可容一斗水。

【原 文】

"五步积尸五百枚，狗尸长三尺，丧以弟[1]，斧亓端，坚约弋。

"十步积抟，大二围以上，长八尺者二十枚。

"二十五步为一灶，灶有铁镭容石以上者一，戒以为汤。及持沙，毋下千石。

"三十步置坐候楼，楼出于堞四尺，广三尺，广四尺[2]"，板周三面，密傅之，夏盖亓上。

"五十步一借车[3]，借车必为铁纂。

"五十步一井屏，周垣之，高八尺。

"五十步一方，方尚必为关籥守之。

"五十步积薪，毋下三百石，善蒙涂，毋令外火能伤也。

【注 释】

[1] 丧，藏也。"第"当作"茅"。
[2] "广"上当有"下"字。
[3] 借车，一种用来投掷杀伤物的战车。

【译 文】

"（城上）每五步储积五百枚狗尸，狗尸长三尺，以茅草掩盖，削尖一头，牢牢地捆扎好。

"（城上）每十步储积柴抟，（柴抟）大二围以上，长八尺，共二十捆。

"（城上）每二十五步安一座灶，灶上有铁甑一个，可以容水一石以上，准备好热水。储备沙石，不少于千石。

"（城上）每三十步建置一座坐候楼，楼伸出女墙外四尺，楼的上层宽三尺，下层宽四尺，（临敌）三面围以木板，木板上细密地涂上泥巴，夏天时，还要遮盖楼顶。

"（城上）每五十步安放一架借车，借车的车轴必须用铁的。

"（城上）每五十步建一厕所，四周围墙，墙高八尺。

"（城上）每五十步建一房，房上一定要有锁钥，以便驻守。

"（城上）每五十步堆积柴薪，不要少于三百石，用泥涂盖好，不要让从城外放的火燃着它。

【原文】

"百步一栊枞，起地高五丈，三层，下广前面八尺，后十三尺，亓上称议衰杀之。

"百步一木楼，楼广前面九尺，高七尺，楼勒居堞[1]，出城十二尺。

"百步一井，井十甕，以木为系连。水器容四斗到六斗者百。

"百步一积杂秆，大二围以上者五十枚。

"百步为橹[2]，橹广四尺，高八尺。

【注 释】

[1]"坫"当作"坫"字。

[2]櫓，大楯也。

【译 文】

"（城上）每百步筑一座栊枞，从地面算起高五丈，三层，下层宽，前面宽八尺，后面宽十三尺，上层根据合宜的原则逐渐缩小宽度。

"（城上）每百步建一木楼，楼前面宽九尺，高七尺，楼窗安于屏墙上，（木楼）伸出城墙外十二尺。

"（城下）每百步凿一口井，每井有十只陶罐，用木制成桔槔。盛水器的容积为四斗到六斗，共有一百只。

"（城上）每百步一堆禾秆，每把大两围以上，共五十把。

"（城上）每百步树立一大盾牌，盾牌宽四尺，高八尺。

【原 文】

"为冲术。

"百步为幽臆[1]，广三尺高四尺者千[2]。

"二百步一立楼，城中广二丈五尺二，长二丈，出枢五尺[3]。

"城上广三步到四步，乃可以为使斗。

【注　释】

[1]"膱"当作"隤"。水沟。

[2]"千"当作"十"。

[3]"枢"当作"拒","距"之借字。

【译　文】

"制备冲术。

"每百步开暗沟,沟宽三尺,深四尺,共十条。

"每二百步建一立楼,楼宽二丈五尺,长二丈,立楼的横距伸出堞墙外五尺。

"城墙上面宽一丈八尺到二丈四尺,这才便于战斗。

【原　文】

俾倪广三尺[1],高二尺五寸。陛高二尺五,广长各三尺,远广各六尺[2]。城上四隅童异高五尺[3],四尉舍焉。

"城上七尺一渠,长丈五尺,貍三尺,去堞五寸,夫长丈二尺,臂长六尺。半植一凿内,后长五寸[4]。夫两凿,渠夫前端下堞四寸而适。凿渠、凿坎,覆以瓦,冬日以马夫寒[5],皆待命,若以瓦为坎。

【注释】

[1] 俾倪，城上小围墙，其上有小孔，人于孔中可睥睨一切，故名。
[2] "远"当作"道"。
[3] 童异，要害之处。
[4] "后"当作"径"，"长"字衍。
[5] "夫"当作"矢"，"寒"当作"塞"。

【译文】

"上有小孔可以窥见敌情的小围墙宽三尺，高二尺五寸。登城的台阶，高二尺五寸，宽、长各三尺，道宽六尺。城上四角要害之地高五尺，由四个尉官驻守。

"城上每七尺竖立一渠，渠长一丈五尺，埋入土中三尺，距离城堞五寸，露在地面上的部分长一丈二尺，臂长六尺。在臂的正中处开一孔，孔内径长五寸。渠之露在地面上的部分凿两个孔，渠之顶端比城堞低四寸为合适。凿渠，凿坎，用瓦片覆盖，冬天则用马粪填塞。都要待命执行，或者即以瓦为坎。

【原文】

"城上千步一表[1]，长丈，弃水者操表摇之。五十步一厕，与下同圂。之厕者不得操。

【注释】

[1]"千"疑当作"十"。

【译文】

"城上十步一标志,长一丈,需要倾倒废水时,倒废水之人即摇动标志。(城上)每五十步建一厕所,与城下的厕所同一粪坑。上厕所的人不得挟持武器。

【原文】

"城上三十步一借车,当队者不用[1]。

"城上五十步一道陛,高二尺五寸,长十步。城上五十步一楼㧙[2],㧙勇勇必重[3]。

"土楼百步一,外门发楼,左右渠之。为楼加借幕,栈上出之以救外。

"城上皆毋得有室,若也可依匿者,尽除去之。

"城下州道内,百步一积薪,毋下三千石以上,善涂之。

【注释】

[1]"用"下脱"此数"二字。
[2]"㧙"疑当为"撕"。

[3]"扟勇勇必"当作"楼撕必再"。

【译文】

"城上三十步安置一架借车,正当攻打隧道的地方不适用这个数字。

"城上每五十步有一道台阶,高二尺五寸,长十步。城上每五十步建一座楼,楼必须是多层的。

"百步一座土楼,外门为悬门,左右开沟渠。建土楼时要用借幕遮盖,有桥道突出城外以救城外之急。

"城上都不得建有房屋以及其他可以藏人的建筑,(如果有,)全部拆掉。

"城下环城道路内,每百步一堆柴薪,不得少于三千石,用泥巴涂封好。

【原文】

"城上十人一什长,属一吏士。一帛尉[1]。

"百步一亭,高垣丈四尺厚四尺[2],为闺门两扇,令各可以自闭。亭一尉,尉必取有重厚忠信可任事者。

"二舍共一井爨。灰、康、粃、杯[3]、马矢,皆谨收藏之。

【注释】

[1]"帛"当作"亭"。

[2]"高垣"当作"垣高"。

[3]康,即"糠";"杯"当作"秠",即"稃"也。谷皮。

【译文】

"城上每十人中任命一名什长,所属有十名吏士,每百人中任命一名亭尉。

"每百步建一亭,垣墙高一丈四尺,厚四尺,造两扇闺门,使可以各自关闭。每亭任命一名尉官,此亭尉必须是稳重厚实忠诚可信而又能够胜任的人。

"(什长与亭尉所居)二所房舍共用一井灶。灰、糠、秕谷、谷皮、马屎等要仔细收藏好。

【原文】

"城上之备,渠谵[1]、借车、行栈、行楼、到[2]颉皋、连梃、长斧、长椎、长兹、距、飞冲、县口、批屈[3]。楼五十步一。堞下为爵穴,三尺而一为薪皋,二围,长四尺半,必有洁[4]。

【注释】

[1]"谵"当作"襜"。

[2]"到"疑当作"斲"。

[3]兹,即镃錤,鉏也,即锄也;县即悬,悬下空缺,疑即

"梁"字。

[4]"洁"当作"挈"。

【译文】

"城上的装备:渠苔、借车、行栈、行楼、斫、桔槔、连梃、长斧、长椎、长锄、钩钜、飞冲车、悬梁、批屈。五十步一楼。城堞下挖掘爵穴。每三尺设置一薪皋,粗两围,长四尺半,一定要有提挈之处。

【原文】

"瓦石,重二升以上[1],上城上。沙,五十步一积,灶置铁鐕焉,与沙同处。

"木大二围,长丈二尺以上,善耿亓本[2],名曰长从,五十步三十。木桥长三丈,毋下五十。复使卒急为垒壁,以盖瓦复之。

【注释】

[1]"升"当作"斤"。
[2]耿,当作"联"。

【译文】

"重二斤以上的瓦石,搬到城上。沙,五十步一堆。灶上安置铁甀，和沙堆同在一个地方。

"木材，粗二围，长一丈二尺以上，用绳索把它们从根部连在一起，这叫'长枞'，每五十步三十个。木桥长三丈，不得少于五十个。使士兵紧急修筑好垒壁，并用瓦覆盖起来。

【原 文】

"用瓦木罂，容十升以上者，五十步而十，盛水，且用之。五十二者十步而二[1]。

"城下里中家人，各葆亓左右前后，如城上。城小人众，葆离乡老弱国中及也大城。

【注 释】

[1]"五十二"当作"五斗"，"者"上脱"以上"二字。

【译 文】

"用陶制或木制的坛子盛水，随时可取用。容积在十斗以上者，每五十步放十个，容积为五斗者，每十步放两个。

"城下里巷中的人家，各自保护其左右前后，如同城上一样。（如果）城小而人多，就保护老弱到不与城市相连的乡间和国中其他大城中去。

【原文】

"寇至，度必攻，主人先削城编[1]，唯勿烧。寇在城下，时换吏卒署，而毋换亓养，养毋得上城。寇在城下，收诸盆甖耕[2]，积之城下[3]，百步一积，积五百。

【注释】

[1] 城编，依城墙而建的房屋。
[2] "耕"疑当作"瓶"。
[3] "下"当作"上"。

【译文】

"敌人到了，估计他们必定要进攻，守方首先拆除依附城墙外的房屋，只是不要放火烧。敌寇在城下，守方要时时更换防守士卒，但不要更换给养人员，给养人员不能上城。敌寇在城下，守方要收集各种盆、坛、瓶，堆积在城上，每百步一堆，每堆五百个。

【原文】

"城门内不得有室，为周官桓吏[1]。四尺为倪。行栈内闲，二关一堞。

"除城场外[2]，去池百步，墙垣树木小大俱坏伐，除去之。寇所从来若昵道、俵近[3]，若城场，皆为扈楼，立竹箭天中[4]。

【注释】

[1] "官"当为"宫"，"桓"当为"植"。
[2] 场，道也。城场，谓城下周道。
[3] 昵道，即近道。"俵近"当作"近俵"。"俵"通"蹊"，便道也。
[4] "天"当作"水"。

【译文】

"城门之内不能有居室，建造周宫置吏守之，四尺为倪，行栈内闬，二关一堞（此段文义不详）。

"清除城外环城道路，离护城河百步远的范围内的墙垣、树木，不论大小一律砍伐毁掉，清除掉。敌兵所来的道路，如便道、近道上，如城外环城道上，都要修建扈楼，在水中插上竹箭。

【原文】

"守堂下为大楼，高临城。堂下周散道。中应客，客待见。时召三老在葆宫中者，与计事得先[1]，行德计谋合，乃入葆。葆入守，无行城，无离舍。诸守者，审知卑城浅池，而错守焉。晨暮卒歌以为度[2]，用人少易守。

【注释】

[1]"先"当作"失"。
[2]"歌"当作"鼓"。

【译文】

"太守府堂下建造一座大楼，高可俯视全城。堂下四周有道路。（太守）在堂中接待来客，客人（在堂中）等待接见。（太守）不时召见在官府中守卫的三老，与他们讨论所做诸事的得失。所行之事既取得成效，计谋又相合，就进入官府守卫，不再上城，不得离开官府。各位守城之人，要详审什么地方城墙矮、护城河浅，更加注意防守。早晨、傍晚，士兵要击鼓作为信号，用人要略有更换。

【原文】

"守法：五十步丈夫十人、丁女二十人、老小十人，计之五十步四十人。城下楼卒[1]，率一步一人，二十步二十人。城小大以此率之，乃足以守圉。

【注释】

[1]"下"当作"上"。

【译 文】

"守城之法：每五十步成年男子十人、成年女子二十人，老人小孩十人，共计五十步四十人。城上守楼的士兵，约每一步一人，二十步二十人。城或大或小均以此为标准，这样才足以守御。

【原 文】

"客冯面而蛾傅之，主人则先之知，主人利，客适[1]"。客攻以遂，十万物之众[2]，攻无过四队者，上术广五百步，中术三百步，下术五十步。诸不尽百五步者[3]，主人利而客病。广五百步之队，丈夫千人，丁女子二千人，老小千人，凡四千人，而足以应之，此守术之数也。使老小不事者，守于城上不当术者。

【注 释】

[1]"适"当作"病"。
[2]"物"字衍。
[3]"五"下脱"十"字。

【译 文】

"敌人像蚂蚁一样从城四面爬城进攻，防守者如预先知道了,则对防守者有利,对进攻者有害。敌方分队进攻,有十万士兵,攻方不会超过四路纵队,最大的队伍宽五百步,中等的队伍宽三百步,小队伍宽五十步。(进攻的队伍)宽不足一百五十步者,对守方有利而对攻方有害。(如果进攻队伍)宽五百步,则用成年男子一千人、成年女子两千人、老人小孩一千人,共四千人防守,就足以应付敌人的进攻,这是守御纵队进攻所需的士兵数。让不能直接担负战斗之事的老人小孩守在城上不是正当敌人纵队进攻的地方。

【原文】

"城持出必为明填[1],令吏民皆智知之[2]。从一人百人以上,持出不操填章,从人非亓故人乃亓积章也[3],千人之将以上止之,勿令得行。行及吏卒从之,皆斩,具以闻于上。此守城之重禁之[4]。夫奸之所生也,不可不审也。

【注释】

[1]"持"当作"将"。明填,即通行证。
[2]"知"字衍。
[3]"乃"当用"及";"积"当作"填"。
[4]"之"当作"也"。

【译文】

"守城之将出城必需拿着'明填',使吏卒民众都知道。如果是随从百人以上的将领出城不持'填章',或随从者不是他的部下而持有其部下的'填章',那么统率千人以上的将领便可以制止他,不让他通行。放他通行者以及随从他的吏卒,都要斩首,并详细报告给上司知道。这是守城的重大禁令。奸细往往利用这一机会滋生事端,这是不可不审慎对待的。

【原文】

"城上为爵穴,下垛三尺,广亓外,五步一。爵穴大容苴[1]。高者六尺,下者三尺,疏数自适为之。

"塞外堑[2],去格七尺,为县梁。城筐陕不可堑者,勿堑。

【注释】

[1]"苴"当作"苣",即苇苣,束韦而成之火炬。
[2]"塞"当作"穿"。

【译文】

"城堞间开凿孔穴,小仅容爵,在城堞下三尺处凿孔穴,外口大,每五步一个。孔穴大小可容下苇苣。孔穴的位置,高者六尺，低者三尺，其疏密度以合适为宜。

"在城外挖掘沟堑，离'柞格'七尺远，沟堑上悬木为梁。城外狭窄，不可挖沟堑者，就不要挖。

【原文】

"城上三十步一聋灶[1]。人擅苴，长五节。寇在城下，闻鼓音，燔苴，复鼓，内苴爵穴中，照外。

【注释】

[1]"聋"当作"垄"。

【译文】

"城上每三十步安一垄灶。守城人每人持一苇苴，苴长五尺。敌寇到了城下，（守城人）听到鼓音就点燃苇苴，再次听到鼓音，便把苇苴安放到爵穴中，使之照亮城外。

【原文】

"诸借车皆铁什。借车之柱长丈七尺，亓貍者四尺，夫长三丈以上至三丈五尺，马颊长二尺八寸。试借车之力而为之困[1]，失四分之三在上[2]。借车，夫长三尺，四二三在上[3]，马颊在三分中。马颊长二尺八寸，夫长二十四尺，以下不用。治困以大车轮。借车桓长丈二尺半[4]。诸借车皆铁什，复车者在之[5]。

【注释】

[1] 困，"捆"之借字，孙诒让疑是木橛，用以固定借车。下文说以大轮作捆，其作用同。
[2] "失"当作"夫"。
[3] "二"当作"之"。
[4] 桓，与柱义同。借车有四根柱，不埋入地下的二根即桓。
[5] "复"当作"后"，"在"当作"佐"。

【译文】

"各种借车都用铁皮包裹。借车的支柱长一丈七尺，埋在地下部分长四尺，车座长三丈至三丈五尺，马颊长二尺八寸。测试借车的弹力以安置相应的车捆，借车有四分之三在地面上。借车，车座长三丈，四分之三在地上，马颊在地面上四分之三借车车座中。马颊长二尺八寸，车座长二丈四尺，短了就不中用。用大车轮作车捆。借车车桓长一丈二尺半。各种借车都用铁皮包裹，以后车为佐。

【原文】

"寇闉池来[1]，为作水甬，深四尺，坚慕貍之[2]，十尺一，覆以瓦而待令。以木大围长二尺四分而早凿之[3]，置炭火亓中而合慕之[4]，而以借车投之。为疾犁投，长二尺五寸，大二围以上。涿弋，弋长七寸，弋闲六寸，剡其末。狗走[5]，广七寸，长尺八寸，蚤长四寸，犬耳施之[6]。"

【注释】

[1]"圊"当作"闉"。
[2]"慕"当作"冥"。
[3]"分"当作"寸"，"早"当作"中"。
[4]"慕"当作"幂"。
[5]狗走，岑仲勉认为"似属钩曲之器"。
[6]"耳"当作"牙"。

【译文】

"敌寇填塞护城河来进攻，（对此）可制作水甬，甬深四尺，密封坚固，埋在地下，每十尺一个，上面用瓦覆盖，待命而使用。用围粗二尺四分的大木，从中凿洞，把炭火安置在里面再封闭覆盖好，用借车将它投向敌军。制备'蒺藜投'，长二尺五寸，大两围以上。（门上有）小门钉，长七寸，门钉间距六寸，把末端削尖。'狗走'宽七寸，长一尺八寸，爪长四寸，犬牙交错地安好。"

【原文】

子墨子曰："守城之法，必数城中之木，十人之所举为十挈，五人之所举为五挈，凡轻重以挈为人数。为薪蕉挈，壮者有挈，弱者有挈，皆称亓任。凡挈轻重所为，吏人各得亓任[1]。城中无食则为大杀。

【注释】

[1]"吏"当作"使"。

【译文】

墨子说："守城的方法，一定要计算城中之木材，十个人所能够举起的为十挈，五个人所能举起的为五挈，挈轻重有别，以举起它所需的人数为标志。做好用小柴薪捆成的挈，强壮的人有（重）挈，弱小的人有（轻）挈，都各称其力之所能承担。挈或轻或重，都以使人各称其力为宜。城中缺粮时，则大大减轻挈的重量。

【原文】

"去城门五步大堑之，高地三丈[1]，下地至[2]。施贼亓中[3]，上为发梁，而机巧之，比传薪土[4]，使可道行，旁有沟垒，毋可逾越。而出佻且比[5]，适人遂入，引机发梁，适人可禽。适人恐惧而有疑心，因而离。"

【注 释】

[1]"三"字衍，"丈"下脱"五尺"。
[2]"至"下脱"泉三尺而止"。
[3]"贼"字义不可通，当为"栈"，即"棚"。
[4]"传"当用"傅"。
[5]"佻"下脱"战"字，"比"当作"北"。

【译 文】

"离城门五步远处挖大沟，地势高则挖一丈五尺深，地势低则挖至见泉水，再下挖三尺即止。在沟上架棚，上面悬梁并附以机引装置，再在悬梁和棚上铺满薪草泥土，使人可以在上面行走，两边有沟垒，使之无法翻越。然后出兵挑战而且佯败，敌人便进入栈棚，此时引发悬梁机关，敌人便可以被擒拿。敌人因恐惧而生疑心，因而离去。"

备高临第五十三

【原 文】

禽子再拜再拜曰:"敢问适人积土为高,以临吾城,薪土俱上,以为羊黔。蒙橹俱前[1],遂属之城,兵弩俱上,为之奈何?"

【注 释】

[1]橹,大盾牌,蒙橹,即以大盾牌为掩护。

【译 文】

禽子(向墨子)拜了又拜说:"敢问敌人堆土成高台,以居高临下之势面对我城,木头泥土一齐运上高台,做成一种叫羊黔的土山。敌兵以大盾牌为掩护向前冲,攻近了我方的城头,兵器和弓箭一齐使用上了。(这时)该怎样对付呢?"

【原 文】

子墨子曰:"子问羊黔之守邪?羊黔者将之拙者也,

足以劳卒，不足以害城。守为台城，以临羊黔，左右出巨[1]，各二十尺；行城三十尺，强弩之[2]，技机借之[3]，奇器□之，然则羊黔之攻败矣。

【注释】

[1]巨，当作"距"，是行城边长大小，两旁横出。
[2]"之"上脱"射"字。
[3]技机，当作"校机"。藉，当读为"笮"，迫也。

【译文】

墨子说："您问的是对付'羊黔'的办法吗？'羊黔'作为一种攻城办法，是攻城主将的笨拙的办法，只会劳损自己的士兵，而不足以危害所要攻打之城。守城主将做好台城，以居高临下之势面对羊黔，（台城）左右编连大木，向两旁横出各二十尺，（台城又称）行城，高三十尺，其上安置强劲的弓以向敌人射击，又安置校机以发厌笮杀敌，以奇巧之器……这样敌人的羊黔之攻就失败了。

【原文】

"备临以连弩之车，材大方一方一尺[1]，长称城之薄厚。两轴三轮[2]，轮居筐中，重下上筐。左右旁二植，左右有衡植，衡植左右皆圜内，内径四寸。左右缚弩皆于植[3]，以弦钩弦[4]，至于大弦。弩臂前后与筐齐，筐高八尺，弩轴去下筐三尺五寸。连弩机郭同铜[5]，一石三十钧。引弦鹿长奴[6]。筐大三围半，左右有钩距，方三寸，轮厚尺二寸，钩距臂传尺四寸，厚七寸，长六尺。横臂齐筐外，蚤尺五寸，有距，博六寸，厚三寸，长如筐。有仪，有诎胜，可上下。为武重一石[7]。以材大围五寸[8]。矢长十尺，以绳口口矢端，如如戈射[9]，以磨鹿卷收[10]。矢高弩臂三尺，用弩无数[11]，出人六十枚[12]，用小矢无留。十人主此车。

【注释】

[1]"一方"衍。

[2]"三"当作"四"。

[3]"縛"当作"缚"。

[4]第一个"弦"字当作"距"。

[5]"同"当作"用"。

[6]"长奴"当作"虚收"。

[7]武，误，当作"趺"，是一种弩床。

[8]"材大围五寸"当作"材大五围"。

[9]"如"字衍，"戈"当作"弋"。弋射，用细绳系住箭尾以射飞鸟。

[10]"磨鹿"当作"历鹿"。

[11]"弩"字衍。

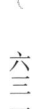

[12]"人"当作"入"。

【译文】

"防备敌人以(羊黔)居高临下攻势,可以用连弩之车。造连弩车,用(横面)一尺见方的木材,长度与城墙的厚度相称。(连弩车)两轴四轮,轮子装在车箱当中,车箱上下两个,左右两旁各立两根立柱,左右还有横柱,横柱左右两端都是圆榫头,内径四寸。左右两旁的柱上缚扎着有臂的弓,用钩距把弓弦钩到大弦上。弓臂前后与车厢齐平,车厢高八尺,弓轴离下车厢三尺五寸。连弩车的机郭用铜制造,重一百五十斤。用辘轳引弓弦。车厢周长三围半,左右装有钩距,钩距三寸见方,轮厚一尺二寸,钩距臂宽一尺四寸,厚七寸,长六尺。横臂与车厢外缘齐平,臂爪一尺五寸处有横出之距,宽六寸,厚三寸,长度与车厢相同。还装有供发弩的仪表,能够屈伸,可以上下。做成'跌',重一百二十斤,用大五围的木材制造。箭长十尺,用绳子系于箭端,如同弋射一样,用辘轳卷收(射出的箭)。箭高出弩臂三尺,用弩无需计数,每次射出及收回均为六十枚,用小箭射出就不再系绳收回。由十个人掌管此连弩车。"

【原 文】

遂具寇[1],为高楼以射道,城上以答罗矢[2]。

【注 释】

[1]"具",当作"拒"。
[2]答,即"笪",一种用草绳编织之物。

【译 文】

"为抗拒敌寇,建造高楼以射击来敌,城上还要有草编的笪子以遮障和网罗敌人射来的箭。"

□□第五十四(缺)
□□第五十五(缺)
备梯第五十六

【原 文】

禽滑釐子事子墨子三年,手足胼胝[1],面目黧黑,役身给使,不敢问欲。子墨子其哀之[2],乃管酒块脯[3],寄于大山,昧葇坐之[4],以樵禽子。禽子再拜而叹。

【注 释】

[1]手足胼胝,手脚上长了老茧。

[2]"其",甚也。

[3]"块"当作"槐"。同"怀"。

[4]"眛"当作"昁",與"灭"古音相近,即"搣"之借字。"茦"即"茅"。"昁茦"即塞茅草。

【译文】

禽滑鳌事奉墨子三年,手脚长了老茧,面色黧黑,亲身服役以听墨子使唤,却不敢向墨子求问自己想要知道的事。墨子很同情他,于是备了酒和干肉,来到泰山,大家塞茅草而坐,请禽子喝酒。禽子拜了又拜,叹了口气。

【原文】

子墨子曰:"亦何欲乎?"禽子再拜再拜曰:"敢问守道?"子墨子曰:"姑亡,姑亡。古有其术者,内不亲民,外不约治,以少间众,以弱轻强,身死国亡,为天下笑。子亓慎之,恐为身姜"。禽子再拜顿首,愿遂问守道,曰:"敢问客众而勇,烟资吾池[1],军卒并进,云梯既施,攻备已具,武士又多,争上吾城,为之奈何?"

【注释】

[1]"烟资"当作"堙茨"。堙,塞也;茨,积土填满的意思。

【译文】

墨子说:"你有什么要求吗?"禽子拜了又拜说:"敢问守城的方法?"墨子说:"暂且不要问吧,暂且不要问吧。古代有演习这种方法的人,但他们对内不爱民众,对外不结约以治理国家,自己国家兵力少却疏远兵力众多的国家,自己国家力量弱小却轻视力量强大的国家,(结果)自己死了,国家亡了,被天下人嘲笑。您要慎重,当心别为追求守城之法,而惹下灭身之灾。"禽子再拜又伏地叩头,希望能实现求问守城之道的心愿,说:"敢问在敌方兵卒众多而又个个奋勇,填塞了我方的护城河,军卒一齐进攻,云梯已架起来,攻城准备已做好,武士又多,争先恐后地攻上我方城墙的情况下,我方将怎么办呢?"

【原文】

子墨子曰:"问云梯之守邪?云梯者重器也,亓动移甚难。守为行城,杂楼相见[1]。以环亓中。以适广狭为度,环中借幕,毋广亓处。行城之法,高城二十尺,上加堞,广十尺,左右出巨各二十尺,高、广如行城之法[2]。

【注释】

[1] 相见,即"相间"。

[2] 俞樾认为"高"上脱"杂楼"二字。

【译文】

墨子说："你是问如何对付云梯的守城方法吗？云梯是一种笨重的器械，要移动它很困难。守城一方要造好行城，使行城与杂楼相间而立，环城布局。行城与杂楼的距离视敌人进攻队伍的宽窄为标准，（行城与杂楼）之间要有遮幕，且距离不可太宽。造行城的方法：高于城墙二十尺，上面加堞墙，堞宽十尺，左右两边各横出距（用大木编连而成）二十尺，距的高、宽和行城一样。

【原 文】

"为爵穴辉䶄[1]，施苔亓外，机、冲、钱、城[2]，广与队等，杂亓间以镳、剑，持冲十人，执剑五人，皆以有力者。令案目者视适[3]，以鼓发之，夹而射之，重而射[4]，披机借之[5]，城上繁下矢、石、沙、炭以雨之[6]，薪火、水汤以济之。审赏行罚，以静为故，从之以急，毋使生虑。若此，则云梯之攻败矣。

【注 释】

[1] 爵，同"雀"；辉，当读作"熏"；"䶄"即"鼠"之变体。"爵穴""辉鼠"均为城墙空穴之名。

[2] 机，即"技机"；冲冲，用作冲撞的器械；城即"行城"，城墙上临时增高之城墙。"钱"当作"栈"。

[3] 原文"案目"，案同按，止也。"案目"即止目，目不转睛的意思。

[4] "射"下脱"之"字。

[5] "披"字当作"技"。

[6] "炭"当作"灰"。

【译文】

"挖好爵穴、辉鼠之类的小孔穴，孔外须遮障好。机、冲、栈、城等排列的宽度与进攻一方的队伍展开的宽度相等，其间杂置有持镔与持剑的士兵，持冲者十人，执剑者五人，都要用有力气的人。让视力好的人目不转睛地监视敌人，用鼓声发出号令，或从左右两方交叉发射，或连续发射，或用技机投掷，城上的箭、石、沙、灰，势如雨下，再加上向下投掷薪火，倾倒开水。严明赏罚，务求镇静，但要紧急断事，不使出现变故。做到这些，则（敌人）用云梯攻城之法就被击败了。

【原文】

"守为行堞，堞高六尺而一等。施剑亓面，以机发之，冲至则去之，不至则施之。爵穴，三尺而一。蒺藜投必遂而立[1]，以车推引之。

【注释】

[1]"必"下脱"当"字。

【译文】

"守方要做好行城上的堞墙,堞墙一律高六尺。堞墙上装有剑,用机械发射,敌方冲车来了,就撤走发剑之机械,冲车未到就可以使用。爵穴每三尺一个。蒺藜投一定对准敌人进攻队伍而设立,用车把它们推向攻城之敌,又可以用车把它们收回来。

【原文】

"裾城外[1],去城十尺,裾厚十尺。伐裾,小大尽本断之,以十尺为传[2],杂而深埋之,坚筑毋使可拔。

【注释】

[1]"裾"上脱"置"字。
[2]"传"当作"断"。

【译文】

"在城外安放断树,离城墙十尺远,所安放断树占地宽度为十尺。采伐断树的方法是:不分树的大小,全部连根拔起,锯成十尺长一段，相间深埋入地下，加以舂捣，使之坚实，不能让敌人拔得出来。

【原　文】

"二十步一杀[1]，杀有一鬲[2]，鬲厚十尺。杀有两门，门广五尺。裾门一，施浅埋，弗筑，令易拔。城希裾门而直桀[3]。

【注　释】

[1] 杀：一种撒布沙砾，以杀敌之器。
[2] 鬲，即隔断。
[3] "城"下脱"上"字。

【译　文】

"城上每隔二十步安置一'杀'，每'杀'均有一'鬲'，鬲宽十尺。每'杀'有两门，每扇门宽五尺。裾有一门，用断树浅埋，不用舂捣坚实，要使它容易被拔起。城上对着裾门处储置掷敌之物。

【原　文】

"县火，四尺一钩樴[1]，五步一灶，扤门有炉炭，令适人尽入，辉火烧门，县火次之。出载而立，亓广终队。两载之间一火，皆立而待鼓而然火，即具发之。适人除火而复攻，县火复下，适人甚病，故引兵而去，则令我死士左右出穴门击遗师[2]，令贲士、主将皆听城鼓之音而出[3]，又听城鼓之音而入。因素出兵施伏，夜半城上四面鼓噪，适人必或，有此必破军杀将。以白衣为服，以号相得。若此，则云梯之攻败矣。"

【注　释】

［1］钩杙，杙，即弋；钩杙即弋之钩弯曲者，用以悬煀。
［2］"遗"当作"溃"。
［3］贲士，即虎贲之士，"虎贲"又作"虎卉"，意为如虎奔，引伸为勇士。

【译　文】

"城上悬挂火器，每四尺一钩杙，五步远安一火灶，灶门里堆放炉炭。待进攻之敌全部进入，放火烧门，接着将悬火投向敌人。迎战之武器必须面对敌人而陈列，其宽度与敌人进攻范围相当。两堆作战器具之间有悬火一枚，士兵都站立旁边，等待听到鼓声即燃着悬火，掷向爬城之敌。敌人灭了悬火再次进攻，悬火则再次投下，敌人苦于无奈，所以领兵退去，此时就命令我方敢死之士从左右出穴门追击溃逃的敌兵，命令勇士、主将都听城上鼓声而出击，又听城上鼓声退入城内。照这样多次出兵，借机做好埋伏，夜半之时城墙上四面鼓噪，敌人必定惊惑，做到这一点，伏兵必定能攻破敌人军营，擒杀敌军将领。用白衣为军服，凭口号互相联络。这样，（敌方）云梯攻城之法就失败了。"

口口第五十七（缺）

备水第五十八

【原文】

城内堑外周道，广八步，备水谨度四旁高下。城地中遍下[1]，令耳亓内[2]，及下地，地深穿之令漏泉。置则瓦井中，视外水深丈以上，凿城内水耳[3]。

【注释】

[1] "城地中徧下"当作"城中地偏下"。
[2] "耳"当作"巨"，即"渠"之省。
[3] "耳"当作"巨"，即"渠"之省。

【译文】

城内堑濠外的环城道，宽八步，为防备敌人灌水攻城，要认真度量四周地势高低。城内地势偏下的，要挖渠道，至于地势更低的地方，则在该处深挖并串通，使水能泄漏。在井内安置测水之瓦，观察到城外水深一丈以上时，即凿城内水渠。

【原 文】

并船以为十临[1]。临三十人，人擅弩，计四有方[2]，必善以船为轒辒[3]。二十船为一队，选材士有力者三十人共船，亓二十人人擅有方，剑甲鞮瞀，十人人擅苗。

【注 释】

[1] 临，两船为一临。
[2] 计四有方，"计四"当作"什四"，"方"即锄。
[3] 轒辒，本为冲毁城墙的一种车，此处指冲破隄堰之船。

【译 文】

将船并联为十临。每临上三十人，每人拿着弓箭，每十人中持锄者四人，一定要善于运用这种船为冲破敌方堤堰的"轒辒"①。二十船编为一队，挑选勇武有力之人三十人共主持一船，其中二十人持有锄，穿戴着厚甲胄，另外十人每人都手持长矛。

---

① 轒辒：本为冲毁城墙的一种车，此处指冲破堤堰之船。

【原 文】

先养材士，为异舍，食亓父母妻子以为质。视水可决，以临轒辒，决外隄，城上为射撽疾佐之[1]。

【注 释】

[1]"撽"当作"机"。

【译 文】

事先供养好勇武有力之士，另外安排房舍供养他们的父母、妻子、儿子，以他们为人质。看到水（的高度）已可以决堤时，即用"临"为轒辒去冲决外堤，城上赶紧用射机（射向敌人），以协助决堤的船队。

口口 第五十九（缺）
口口 第六十（缺）
备突 第六十一

【原 文】

城百步一突门[1]，突门各为窑灶。宝入门四五尺，为亓门上瓦屋，毋令水潦能入门中。吏主塞突门，用车两轮，以木束之，涂其上，维置突门内，使度门广狭，令之入门中四五尺。置窑灶，门旁为橐，充灶伏柴艾，寇即入，下轮而塞之，鼓橐而熏之。

【注释】

[1] 突门，城内正对敌营处，自凿城墙为阋门，留五六寸厚不凿穿，守方士兵可从此突击敌方。

【译文】

　　城墙每百步设一突门。突门内各自立一窑形灶。灶在突门内四五尺处，在突门上安放瓦片，做到不让水流入突门内。军吏主管堵塞突门之责：用车子的两轮，用木条把它们捆束在一起，上面涂泥，悬挂在突门内，量度突门的宽窄，把车轮悬挂在突门内四五尺的地方。安置窑形灶，突门旁安置风箱，灶中装满柴艾，敌人攻入，放下车轮使之填塞突门，鼓动风箱，用烟火熏敌人。

备穴 第六十二

【原文】

　　禽子再拜再拜，曰："敢问古人有善攻者，穴土而入，缚柱施火，以坏吾城，城坏，或中人为之奈何[1]？"

【注释】

[1]"或"当作"城"。

【译文】

禽子拜了又拜，说："敢问古代有善于攻城之人，从地下挖穴道进入城内，绕穴道支柱放火烧，目的是破坏我方城墙。城墙坍坏了，城中之人该怎么做呢？"

【原文】

子墨子曰："问穴土之守邪？备穴者城内为高楼，以谨候望适人。适人为变，筑垣聚土非常者，若彭有水浊非常者，此穴土也。急堑城内穴其土直之。穿井城内，五步一井，傅城足，高地，丈五尺；下地，得泉三尺而止。令陶者为罂[1]，容四十斗以上，固顺之以薄骼革[2]，置井中，使聪耳者伏罂而听之，审知穴之所在，凿穴迎之。

【注释】

[1]罂，一种大腹小口的陶罐。
[2]"顺"当作"帩"。

【译文】

墨子说:"你是问如何对付敌人从地下挖穴道以攻城的守城方法吗?防备穴攻的方法:城内建造高楼,以严密地了望敌人。敌人改变了攻城方法,修筑墙垣而聚土的方法不正常,或者旁边有水而不正常地混浊,(这些迹象)表明敌人在地下挖穴道。我方应当正对着敌方穴道位置,赶紧在城内挖沟堑。在城内挖井,五步一井,贴近城根,如果地势高,则挖一丈五尺深,如果地势低下,见到泉水再往下挖三尺即可。命令陶匠烧制罂,能容四十斗以上,用薄皮牢固地覆裹罂口,放在井中,使听力好的人伏在罂口监听,以弄清敌人穴道所在,然后正对敌人穴道在城内挖穴道。

【原文】

"令陶者为月明[1],长二尺五寸,六围[2],中判之,合而施之穴中,偃一,覆一。柱之外善周涂,亓傅柱者勿烧。柱者勿烧[3]。柱善涂亓宝际,勿令泄。两旁皆如此,与穴俱前。下迫地。置康若灰亓中,勿满。灰康长五宝[4],左右俱杂,相如也。穴内口为灶,令如窑,令容七八员艾。左右宝皆如此。灶用四橐。穴且遇,以颉皋冲之,疾鼓橐熏之。必令明习橐事者,勿令杂灶口。连板,以穴高下,广陕为度,令穴者与版俱前,凿亓版令容矛，参分亓疏数，令可以救宝。穴则遇，以版当之，以矛救宝，勿令塞窦；宝则塞，引版而郄，过一宝而塞之，凿亓宝，通亓烟，烟通，疾鼓橐以熏之。从穴内听穴之左右，急绝亓前，勿令得行。若集客穴，塞之以柴涂，令无可烧版也。然则穴土之攻败矣。

【注 释】

[1]"月明"当用"瓦宝"。
[2]六围，岑仲勉认为当作"大围"。
[3]此四字衍。
[4]"五"当用"亘"字。

【译 文】

"命令烧制瓦管，长二尺五寸，径粗一围，从中间剖为两半，合起来安放在穴道中，一半向上仰，另一半向下覆。圆柱的外面要妥善地涂一圈泥，其作用在于敷柱使之不被烧毁。妥善以泥涂瓦管接口缝隙，使烟不致外泄。穴道两边都是这样安置瓦管，安置瓦管与开挖穴道同步向前。瓦管要与地面紧贴着。把糠、灰安放在瓦管中，不要装满。瓦管有多长，灰、糠就安放多长，要均匀相杂。穴道口处安灶，灶的形状要如同窑一样，使它能容七八团艾草。左右两边的瓦管都是这样。每口灶用四个风箱。我方所挖穴道将接通敌方穴道时，用颉皋冲破土层，迅速鼓动风箱以烟熏敌。必须派熟习操作风箱的人，不允许他们离开灶口。连接木板，以穴道高低宽窄为标准，让挖穴道的人推道连板一起向前移，在连板上凿孔，使孔的大小可以容长矛通过，板上孔眼疏密相参，使之可以在敌人破坏瓦管时给予救助。在穴道中遭遇敌人，就用连板在前阻挡，并用长矛攻击敌人以救护瓦管，不让敌人堵塞瓦管，瓦管如果被堵塞了，就拖着连板后退，过一节瓦管再阻挡住敌人，凿开被堵塞的瓦管，使烟通畅，烟通了，迅速鼓动风箱以熏敌人。从穴道内听到穴道左右方（敌人挖穴道的声音），赶紧切断敌人穴道的前路，不让敌人得以往前行。如果我军集结到敌方穴道，要用涂泥的柴捆加以堵塞，不让敌人放火烧我之连板。这样，敌人的用穴道进攻的办法就失败了。

【原文】

"寇至吾城，急非常也，谨备穴。穴疑有应寇，急穴。穴未得，慎毋追[1]。

【注释】

[1] 慎毋追，此处"追"，不是指追击敌人，而是指在未确知敌穴所在时，不应再向前盲目地挖穴道。

【译文】

"敌人到达我方城下，情况非常紧急，谨防敌人穴攻。没有确切得知敌人穴道所在,则我方需谨慎挖穴道,不要盲目向前。

【原文】

"凡杀以穴攻者,二十步一置穴,穴高十尺,凿十尺,凿如前,步下三尺,十步拥穴,左右横行,高广各十尺。

【译文】

"凡是要破敌人穴攻之计的,应当每二十步挖一穴道,穴道高十尺,宽十尺。向前凿穴道,每前进一步向下低三尺;向前十步,则向穴道的左右两旁各掘横行的穴道,此穴道高、宽各十尺。

【原文】

"杀,俚两罂,深平城,置板亓上,赒板以井听,五步一[1]。密,用揣若松为穴户,户穴有两蒺藜[2],皆长极亓户。户为环,垒石外堋[3]高七尺,加堞亓上。勿为陛与石,以县陛上下出入。具炉橐,橐以牛皮。炉有两瓯,以桥鼓之。百十,每[4],亦熏四十什[5],然炭杜之,满炉而盖之,毋令气出。适人疾近五百穴[6],穴高若下,不至吾穴，即以伯凿而求通之[7]。穴中与适人遇，则皆圉而毋逐，且战北，以须炉火之然也，即去而入壅穴[8]。

【注释】

[1] 赒，读如册，覆盖的意思。"井""听"误倒，此句当作"赒板以听，井五步一"。
[2] "穴"当作"内"。
[3] "塼"当作"㙻"。
[4] 百十每，当作"置每（即煤）"。
[5] "亦熏"当作"亓重"，"什"当作"斤"。
[6] "五百"当作"吾"。
[7] "伯"当作"倚"。
[8] 壅，即拥。拥穴，是在穴道中向左右横行之穴。

【译文】

"埋两口罂，罂口与地面平，把木板安置在罂口上，这是一种覆板于罂口以便使人监听地下传来声音的井，五步一个。用枋木和松木做成穴道门，门内安放两个蒺藜，蒺藜长度都与门高相同。门上有环，穴道外用石头垒成墙郭，墙高七尺，上面加堞墙。围墙内不要砌阶梯和石堆，要用吊梯上下出入。备好炉灶和风箱，风箱是用牛皮做的。每炉有两只陶容器瓴，用杠杆鼓动风箱。炉内放煤，重四十斤，用燃烧的木炭助煤燃烧，炉内装满煤后盖好，不要让气漏出。敌人穴道很快接近我方穴道，敌人穴道或者位置高，或者位置低，不能正对我方穴位，那就需要（向上或向下）倾斜开凿穴道以求与敌方穴道相通。在穴道中与敌人相遇，只抵御而不要驱逐敌人，边作战边向后退，等到炉火燃烧，就离开敌人进入甕穴中。

【原文】

"杀，有俚隩[1]，为之户及关籥，独顺[2]得往来行其中。穴垒之中各一狗，狗吠即有人也。

【注释】

[1]"隩"当作"窜"。
[2]"独顺"当用"独须"；独，犬也。

【译文】

"穴道中安有'鼠穴'，'鼠穴'安装门及锁钥，（但狗）能够在其中往来行走。每个穴道中各有一条狗，狗一叫就说明有人。

【原文】

斩艾与柴长尺，乃置窑灶中。先垒窑壁，迎穴为连[1]。

【注释】

[1]"连"下脱"版"字。

【译文】

"将艾草与柴砍成一尺长一段,放在窑灶中。先垒好窑灶,迎着穴道做好连板。

【原文】

"凿井傅城足,三丈一,视外之广陕而为凿井,慎勿失。城卑穴高从穴难[1]。鏊井城上[2],为三四井,内新斩井中[3],伏而听之,审之知穴之所在[4],穴而迎之。穴且遇,为颉皋,必以坚材为夫,以利斧施之,命有力者三人用颉皋冲之,灌以不洁十余石。趣伏此井中[5],置艾亓上,七分[6],盆盖井口,毋令烟上泄。旁亓橐口,疾鼓之。

【注释】

[1]从,岑仲勉解为"踪","踪穴难"意为难以踪迹敌人穴道。
[2]"上"当作"下"。

[3]"斬"当作"甄"。

[4]"知"上"之"字衍。

[5]"此"当作"柴"。

[6]"分"当作"八员"。

【译 文】

"紧靠城墙根凿井，三丈远凿一井。要根据城外地形的宽窄打井，要谨慎从事，不要失误。城墙矮，穴位高，则难以探测到敌穴之所在。在城下打三四口井，井内放好坛子，伏在坛子上听，确切了解到敌穴所在位置，就挖穴迎上去。我方穴道将与敌人穴道相通时，做好颉皋，要用坚硬材料做成颉皋的杆，杆端安置利斧，命令三个力气大的人用这种颉皋冲击（敌我方穴道间隔的土层），随即向敌人穴道灌下十余石糠、屎之类的污物。赶紧埋伏在穴道井中，在上面堆放七八捆艾草，用盆盖住井口，不要让烟从井口上泄出来。旁边安置的风箱，要迅疾鼓风。

【原 文】

"以车轮辒[1]，一束樵，梁麻索涂中以束之。铁锁，县正当寇穴口。铁锁长三丈，端环，一端钩。

【注 释】

[1]"轮"下脱"为"字。

【译 文】

"用车轮扎成輹辒,用木棍把它们束扎成一体,把麻绳涂上泥,束扎车轮。用铁锁链把輹辒悬挂在正当敌寇穴道口处。铁锁链长三丈,一端结环,另一端为钩。

【原 文】

"佩穴高七尺,五寸广,柱间也尺[1],二尺一柱,柱下傅焉[2],二柱共一员十一[3]。两柱同质,横员土[4]。柱大二围半,必固亓员土[5],无柱与柱交者。

【注 释】

[1] "也"当作"七"。
[2] 傅焉,"傅"同"附","马"同"码",柱下石也。
[3] "员十一"当作"负土"。
[4] "员土"当作"负土"。
[5] "员土"当作"负土"。

【译 文】

"鼠穴高七尺五寸,宽度(支柱与支柱之间)为七尺,每二尺远一支柱,柱下附有础石,两根支柱上共一块顶板(即负土)。支柱粗二围半,一定要使顶板牢固,注意不能使柱与柱相交。

【原 文】

"穴二窑，皆为穴月屋[1]。为置吏、舍人各一人，必置水。塞穴门，以车两走为菹，涂亓上，以穴高下广陕为度，令入穴中四五尺，维置之。当穴者客争伏门，转而塞之。为窑，容三员艾者。令亓突入伏尺[2]。伏傅突一旁，以二橐守之，勿离。穴矛以铁，长四尺半，大如铁服说，即刃之二矛。内去宝尺，邪凿之，上穴当心，亓矛长七尺。穴中为环利率，穴二。

【注 释】

[1]"月屋"当作"门上瓦屋"。
[2]"尺"字疑衍。

【译 文】

"穴道口外二个窖灶，穴门上都要做好瓦顶。安排小吏和助手各一人，一定要预备好水。用两车轮堵塞穴门，这两个车轮束扎成辒辒，上面涂上泥，以穴道高低宽窄为标准，放进穴道内四五尺处，用绳悬挂起来。当敌人从穴道进入我方伏门时，就转动悬挂的辒辒使之堵塞穴道。砌好窖灶，使能容纳三团艾草。让敌方突击人员进入我方埋伏圈。我方埋伏在突门一旁，守好两只风箱，不要离开。用铁制造穴道内用的长矛，长四尺半，大小如同"铁服说"，即兵器中之酋矛、夷矛。在离穴道一尺远的地方，向下斜凿穴道直到地心，所用的矛长七尺。穴道中安装环索，每条穴道中安装两副。

【原文】

"凿井城上，俟亓身井且通[1]，居版上，而凿亓一徧，已而移版，凿一遍。頡皐为两夫，而旁貍亓植，而数钩亓而端[2]。诸作穴者五十人，男女相半。（五十人[3]。）攻内为传士之口[4]，受六参，约枲绳以牛亓下[5]，可提而与投[6]。已，则穴七人守退垒之中。为大庑一，藏穴具亓中。难穴，取城外池脣木月散之什[7]，斩亓穴[8]，深到泉。难近穴，为铁铁，金与扶林长四尺[9]，财自足。客即穴，亦穴而应之。

【注释】

[1]"身"当用"穿"。

[2]"数"当用"敷"。

[3]此三字衍。

[4]"内"当作"穴"，"士"当作"土"，"口"当作"具"。

[5]"牛"当作"绊"。

[6]"与"当作"举"。

[7]"月"当作"瓦","什"当作"外"。

[8]"穴"当作"内"。

[9]金与扶林,岑仲勉认为当作"鈇与柄",即斧头与斧柄。

【译文】

"在城下挖井,等待身边的井将要穿通时,就在坐板上凿一边,凿完再移动坐板凿另一边。頡皋上做两端,在旁边埋柱,在頡皋两端装上钩。挖穴道的人五十个,男女各一半。开挖穴道时制造运土的工具,要能装六竹箕土石,竹箕底部环以绳索,使之既可以提挽,又可举而倾倒。穴道挖好后,每条穴道由七个人守在供休息的洞垒之中。建造大屋一间,把开挖穴道用的工具藏在里面。要阻断敌人挖穴道,将护城河边的木瓦等都散开,挖堑濠,深及泉水。在接近敌方穴道处打击敌人,要制造铁斧,斧头与斧柄共长四尺,(其数目)刚好够用即可。敌方如果开穴以攻,我方亦开穴以迎拒之。

【原 文】

"为铁钩钜长四尺者,财自足。穴彻,以钩客穴者。为短矛、短戟、短弩、虻矢,财自足,穴彻以斗。以金剑为难[1],长五尺,为鋻、木屎[2],屎有虑枚[3],以左客穴[4]。

【注　释】

[1] 难，敌也，抗拒也。

[2] 銎，斧斤安柄的孔眼；尿，柄也。

[3] 虑枚，岑仲勉解为便于执持之处。

[4] 左，岑仲勉认为"左"与"挫"音近，当为"挫"，即阻难的意思。

【译　文】

"制造四尺长的铁钩钜，（其数目）刚好够用即可。敌我双方穴道打通了，就用铁钩钜去钩敌方穴道中的士兵。制造短矛、短戟、短弓、短箭，（其数目）刚够用即可。敌我双方穴道一旦打通，就用这种短武器与敌人作战。用来抗击敌人的金剑，五尺长，要有孔眼以装上木柄，木柄上要有齿纹，用这种武器来阻止敌人打穴道。

【原　文】

"戒持罂，容三十斗以上，貍穴中，丈一[1]，以听穴者声。"为穴，高八尺，广[2]，善为傅置。具全[3]，牛交樭皮及垎[4]，卫穴二，盖陈霾及艾[5]，穴彻熏之以[6]。

【注释】

[1]"丈"上脱"三"字。

[2]"广"下脱"八尺"二字。

[3]"全"当作"炉"。

[4]"交"当作"皮";"橐"当作"橐","皮及坺"当作"及磃"。

[5]"盖"当为"益","霍"即"藿",豆叶。

[6]"以"当上移至"彻"下。

【译文】

"制备瓦罂,容量三十斗以上,埋在穴道中,三丈远埋一个,用它来监听敌人挖穴道的声音。

"挖穴道,高八尺,宽(八尺),妥善地安好支柱。备好炉灶、牛皮箱以及瓦缶,每条穴道准备两套,多装豆叶和艾草,敌我双方穴道一旦打通,即燃烧以烟熏敌。

【原文】

"斧金为斫[1],尿长三尺,卫穴四。为垒,卫穴四十,属四。为斤、斧、锯、凿、鑺[2],财自足。为铁校,卫穴四。为中橹,高十丈半[3],广四尺。为横穴八橹盖[4]。具稿枲,财自足,以烛穴中。

【注释】

[1]"斧"下脱"以"字。

[2]"镢"当作"钁"。

[3]"丈"当作"尺"。

[4]"八"当作"大","盖"当作"葢"。

【译文】

"用金属制作斧头,斧柄长三尺,每条穴道四把。做好竹篓,每条穴道四十个,锄头四把。制备斧头、锯子、凿子、大锄,(其数目)刚够用即可。制作铁剪刀,每条穴道四把。制备中等大小的盾牌,每只高十尺半,宽四尺。制备横在穴道中的大盾牌和连板。准备禾秆、麻秸,(其数目)刚够用即可,用以照明穴道。

【原文】

"盖持醯[1],客即熏,以救目。救目:分方鏨穴[2],以益盛醯置穴中[3],文盆毋少四斗[4];即熏,以自临醯上及以洒目[5]。

【注释】

[1]"盖"当作"益","醯"当作"醯",即醋。

[2]"鏧"当作"鏨"。

[3]"益"当作"盆","醖"当作"醯"。

[4]"文"当作"大"。

[5]"自"当作"目","醖"当作"醯","沺"当作"洒"。

【译文】

"多准备醋,敌人一到我方就放烟熏敌,(我方士卒)则用醋来救治眼睛。救治眼睛(的方法):分向各方开挖穴道,用盆盛醋放置在穴道中,每大盆不少于四斗,一旦被熏,就把眼睛俯临醋上以及抄洒醋以洗眼。"

备蛾傅 第六十三

【原文】

禽子再拜再拜曰:"敢问适人强弱[1],遂以傅城,后上先断,以为洫程[2];斩城为基,掘下为室,前上不止,后射既疾,为之奈何?"

【注释】

[1]"弱"当作"梁"。

[2]"洓"即俗"法"字。

【译文】

禽子拜了又拜，拜了又拜，说："敢问，敌人强横，不顾一切地爬城，（下令）对后爬上城者予以杀头，以此作为（敌方的）军法；又在城下挖濠堑筑土山，挖地下室，前面攀爬不停，后面疾速射箭，（面对这一情况）该怎么办呢？"

【原文】

子墨子曰："子问蛾傅之守邪？蛾傅者[1]，将之忿者也。守为行临射之[2]，校机借之，擢之，太氾迫之[3]，烧苔覆之[4]，沙石雨之，然则蛾傅之攻败矣。

【注释】

[1] 蛾，同"蚁"。
[2] 行临，守方可以移动的行楼。
[3] "太氾"当作"火汤"。
[4] 苔，一种竹编的簟，用以遮挡矢、石。

【译文】

墨子说："你问的是怎样对付敌人如蚁一样爬城的防守方法吗？士兵如蚁一般地爬城进攻，是敌将在愤怒情绪下的举措而已。防守时做好可以移动的高楼,以居高临下之势射击敌人,用技机投掷,拔掉敌人攻城器具,用开水浇灌以迫退敌人,用燃烧的竹苫去覆罩敌兵,沙石像雨点一样向敌人头上打,这样,敌人如蚁一般的爬城强攻就失败了。

【原文】

"备蛾傅为县脾[1],以木板厚二寸,前后三尺,旁广五尺,高五尺。而折为下磨车[2],转径尺六寸[3]。令一人操二丈四方[4],刃其两端,居县脾中,以铁璅敷县二脾上衡,为之机,令有力四人下上之,弗离。施县脾,大数二十步一,攻队所在六步一。

【注释】

[1] 县脾,一种方形无底的木箱,中可容一人,可悬系使上下,以打击敌人。
[2] "磨"当作"历"。
[3] "转"当作"轮"。
[4] "方"当作"矛"。

【译文】

"防备敌人如蚁般爬城强攻需要制备悬滑的木箱,用二寸厚的木板制作,前后宽三尺,两旁宽五尺,高五尺。制造滑车，滑轮直径一尺六寸。派一个人手持长二丈四尺的矛，使矛的两端锐利，守在悬滑木箱内，用两条铁锁链套住悬滑车箱上的横梁，安装转动机械，派四个力气大的人转动滑车使之上下，不要离开。设置的悬滑木箱，大约二十步远一架，正当敌人进攻队伍的地方，则每六步一架。

【原文】

"为累荅，广从丈各二尺[1]，以木为上衡，以麻索大遍之[2]，染其索涂中。为铁繏，钩其两端之县。客则蛾傅城，烧荅以覆之，连篗、抄大皆救之[3]。以车两走，轴间广大，以囷犯之[4]，觕其两端以束轮，遍遍涂其上。室中以榆若蒸[5]，以棘为旁，命曰火捽[6]，一日傅汤[7]，以当队。客则乘队，烧传汤，斩维而下之，令勇士随而击之，以为勇士前行。城上辄塞坏城。

【注释】

[1]"丈各"当作"各丈"。
[2]"以麻索大遍之"当作"以大麻索编之"。
[3] 连篗即连梃，一种用以打击爬墙之敌的器具。"抄大"当作"沙灰"。
[4] 囷，一种金属箍。犯，当作"范"，束制之意。
[5] "室"读为"窒"。

[6]捽，投的意思。

[7]汤，即"烫"。

【译 文】

"制备累苔，宽、长各一丈二尺，用木做成上梁，用大麻绳悬挂，把麻绳在泥浆中浸沾。制备铁锁链，钩住两端的悬环。敌人像蚂蚁一样爬城，就燃烧累苔以覆罩敌人，连筵、沙、灰，都用来救城之守。用两个车轮，两车轮轮轴间的距离要广大一些，用"围"固定，使两端融合以束缚两轮使成一体，再在上面密密涂泥。在里面塞满榆或麻秆之类的东西，以荆棘为两边，这种装置名为"火捽"，又名"传汤"，安置在正对敌人主攻队伍的地方。敌人结队登城，就烧着传汤，斩断系着的绳索，滚下传汤，命令勇士随即攻击敌人，让传汤作为勇士们的先行。城墙上要准备随时堵塞被敌方破坏之城。

【原 文】

"城下足为下说镶杙，长五尺，大围半以上，皆剡其末，为五行，行间广三尺，狸三尺，大耳树之[1]。为连殳，长五尺，大十尺[2]。梴长二尺，大六寸，索长二尺。椎，柄长六尺，首长尺五寸。斧，柄长六尺，刃必利，皆莉其一后[3]。苔广丈二尺，□□丈六尺，垂前衡四寸，两端接尺相覆，勿令鱼鳞三[4]。著其后行中央[5]，木绳一[6]，长二丈六尺。苔楼不会者以牒塞[7]，数暴干。苔为格，令风上下。堞恶疑坏者，先貍木十尺一枚一[8]，节坏[9]，斲植以押虑卢薄于木[10]，卢薄表八尺[11]，广七寸，经尺一[12]，数施一击而下之，为上下钅于而斲之[13]。

【注 释】

[1] 大耳，当作"犬牙"。

[2] "尺"当作"寸"。

[3] 皆葬其一后，岑仲勉以为是"皆著其后冲"之复文。

[4] 三，当作"参"。

[5] 行，当作"衡"。

[6] 木，当作"大"。

[7] 不会，不密合之意。

[8] 下"一"字衍。

[9] 节，当作"即"。

[10] 斲，岑仲勉解为"丁"，或作"钉"，打或击之意。押，即"压"。"虑"字衍。卢薄，柱上之横木。

[11] 表，当作"衺"。

[12] 经尺一，当作"径一尺"。

[13] 钅于，岑仲勉认为是"钉"之讹。

【译 文】

"城外墙根处埋好尖锐的木桩，长五尺，粗一围半以上，都削尖其末端，共五行，行间距宽三尺，埋三尺，像犬牙一样交错竖直埋好。制备'连殳'，长五尺，大十寸。梃长二尺，大六寸，绳索长二尺。椎，柄长六尺，椎头长一尺五寸。斧，柄长六尺，斧刃一定要锋利。皆莽其一后。宽一丈二尺，长一丈六尺，悬垂在前横梁四寸处，两端衔接处约有一尺长是相搭接的，不要使它成了鱼鳞状的参错。在后横梁中央处系一根大绳，长二丈六尺。荅楼不合的地方用小木片填塞，多次曝晒使之干燥。荅要做成格状，让风上下流通。城墙上的堞墙有可能塌坏的，先埋十尺长的木桩一步一根，一旦塌坏，在木桩上压以横木，钉牢，横木长八尺，宽七寸，圆径一尺，频频槌击把木桩打下去，用钉子上下钉牢固。

【原　文】

"经一[1]。钩[2]、禾楼[3]、罗石[4]。县荅，植内毋植外。

【注　释】

[1]"经一"衍。
[2]钓，当作"钩"。
[3]"禾"当作"木"。
[4]罗，当作"絫"。

【译 文】

"径一尺。钩、木楼、礌石。悬苔要悬于苔楼四根柱之内,不要悬挂在柱外。

【原 文】

"杜格[1],貍四尺,高者十丈[2],木长短相杂,兑其上,而外内厚涂之。

【注 释】

[1]杜格,当作"柞格",一种用来阻碍军行的设置。
[2]十丈,疑当作"十尺"。

【译 文】

"柞格,(一根根木头)埋入地下四尺,地面以上部分高的十尺,长短相间杂布置,削尖顶端,四周厚厚地涂上泥。

【原 文】

"为前行行栈,县苔。隅为楼,楼必曲裏[1]。土五步一,毋其二十畾[2]。爵穴十尺一,下垤三尺,广其外。转脯城上,楼及散与池革盆。若转[3],攻卒击其后,熛失治[4]。车革火[5]。

【注释】

[1] 曲裹，当作"再重"。
[2] 其，当作"下"。
[3] 转，当作"傅"。
[4] 煖，当作"缓"。
[5] 车革火，此处有讹脱，未详。

【译文】

"制备行栈、悬答。城角建楼，楼一定要多层。土五步一堆，每堆不少于二十笼。爵穴，十尺一个，在堞墙下三尺处，外口广。转脯城上，行楼、（杀）水池、皮盆。敌人如果爬城，担负攻击任务的士兵出击落后、动作迟缓，造成失误者，按军法惩治。车革火……

【原文】

"凡杀蛾傅而攻者之法，置薄城外，去城十尺，薄厚十尺。伐操之法[1]，大小尽木断之，以十尺为断，离而深貍坚筑之，毋使可拔。

【注释】

[1] 操，当作"薄"。

【译 文】

"击破敌人如蚁般爬城进攻的方法：在城外安置木桩为藩障，离城十尺远，宽十尺。采伐做藩障用的木材的方法是，不问大小树都连根拔起，锯成十尺长一段，间隔一段距离深埋并捣筑坚实，使它们不易被拔出来。

【原 文】

"二十步一杀，有壂[1]，厚十尺。杀有两门，门广五步[2]。薄门板梯貍之[3]，勿筑，令易拔。城上希薄门而置捣[4]。

【注 释】

[1]"壂"当作"鬲"。
[2]"步"当作"尺"。
[3]薄门，即城下藩障之门；板梯，岑仲勉认为当作"浅"。
[4]"捣"当作"楬"，同"杙"，小木桩。

【译 文】

"二十步远安置一杀，每杀均有一鬲（隔断），隔断宽十尺。每杀有两门，每扇门宽五尺。城下藩障之门要浅埋，不要捣筑，使它容易拔起。城上对着城下藩障之门处安置'楬'。

【原 文】

"县火,四尺一椅[1],五步一灶,灶门有炉炭。传令敌人尽入,车火烧门[2],县火次之。出载而立,其广终队,两载之间一火,皆立而待鼓音而然,即俱发之。敌人辟火而复攻,县火复下,敌人甚病。

【注 释】

[1]"椅"当作"槦"。
[2]"车"当作"熏"。

【译 文】

"城上悬挂火器,每隔四尺立一钩枳,五步安一灶,灶门内有炉炭。要使敌人全部进入,然后熏火、烧门,接着投下悬火。排出作战武器,其排列宽度与敌人进攻队伍范围相当,两堆武器之间有悬火一枚,士兵都站立等待,听到鼓声即燃着悬火,随即一齐投出。敌人避开悬火而再次进攻,再投下悬火,敌人苦于无奈。

【原 文】

"敌引哭而榆[1],则令吾死士左右出穴门击遗师[2]。

令贲士、主将皆听城鼓之音而出,又听城鼓之音而入。因素出兵将施伏,夜半而城上四面鼓噪,敌人必或,破军杀将。以白衣为服,以号相得。"

【注释】

[1]"哭"当作"师","榆"当作"逃"。
[2]"遗"当作"遁"。

【译文】

"敌人引兵而逃,就命令我方敢死之士从左右出穴门追击溃逃之敌兵。命令勇士、主将都听从城上鼓声出击,又以听从城上鼓声而退入城内。借着数次出兵之机做好埋伏,半夜时,城上四面击鼓呐喊,敌人必定惊惑,(伏兵则乘机)攻破敌军营擒杀敌将。(我方)要以白衣为军服,以口号相联络。"

卷十五

□□第六十四（缺）

□□第六十五（缺）

□□第六十六（缺）

□□第六十七（缺）

迎敌祠第六十八

【原文】

敌以东方来，迎之东坛，坛高八尺，堂密八，年八十者八人，主祭青旗，青神长八尺者八，弩八，八发而止，将服必青，其牲以鸡。敌以南方来，迎之南坛，坛高七尺，堂密七，年七十者七人，主祭赤旗，赤神长七尺者七，弩七，七发而止，将服必赤，其牲以狗。敌以西方来，迎之西坛，坛高九尺，堂密九，年九十者九人，主祭白旗，素神长九尺者九，弩九，九发而止，将服必白，其牲以羊。敌以北方来，迎之北坛，坛高六尺，堂密六，年六十者六人，主祭黑旗，黑神长六尺者六，弩六，六发而止，将服必黑，其牲以彘。从外宅诸名大祠，灵巫或祷焉，给祷牲。

【译文】

敌人从东方来，迎着敌人来的方向建造东坛，坛高八尺，堂进深八尺，年龄八十岁者八人，主持祭青旗，青神高八尺者八尊，弓弩手八人，各射八支箭为止，将领所穿服装必须是青色的，祭神的牲畜用鸡。敌人从南方来，就迎着敌人来的方向建造南坛，坛高七尺，堂进深七尺，年龄七十岁者七人，主持祭赤旗，赤神高七尺者七尊，弓弩手七人，各射七支箭为止，将领所穿服装必须是赤色的，祭神的牲畜用狗。敌人从西方来，迎着敌人来的方向建造西坛，坛高九尺，堂进深九尺，年龄九十岁者九人，主持祭白旗，白神高九尺者九尊，弓弩手九人，各射九支箭为止，将领所穿的服装必须是白色的，祭神的牲畜用羊。敌人从北方来，迎着敌人来的方向建造北坛，坛高六尺，堂进深六尺，年龄六十岁者六人，主持祭黑旗，黑神高六尺者六尊，弓弩手六人，各射六支箭为止，将领所穿的服装必须是黑色的，祭神的牲畜用猪。把城外居宅及大祠的神主迁入城内，（迁徙前）有灵的巫师或许要祈祷，应供给祈祷的祭品。

【原文】

凡望气，有大将气，有小将气，有往气，有来气，有败气，能得明此者可知成败、吉凶。举巫、医、卜有所长，具药，宫之[1]，善为舍。巫必近公社，必敬神之。巫卜以请守[2]，守独智巫卜望气之请而已。其出入为流言，惊骇恐吏民，谨微察之，断，罪不赦。望气舍近守官。牧贤大夫及有方技者若工[3]，弟之。举屠、酤者置厨给事，弟之。

【注释】

[1]"宫"下脱"养"字，"药"字衍。
[2]"守"上脱"报"字。
[3]"牧"当作"收"。

【译文】

凡是望气，有大将之气，有小将之气，有往气，有来气，有败气，能够懂得这些，就可以预知成败、吉凶。举凡有一定特长的巫师、医师、占卜者，都在宫中供养起来，为他们安排好住处。巫师的住处一定要靠近大家共祭土地神的地方，对他们一定要像敬神一样。巫师、占卜者向太守报告情况，只能让太守一个人知道巫师、占卜者所报告的望气情况。巫师、占卜者制造流言，使官吏民众惊恐不安，要密切侦察，据实断案，决不能赦免他们的罪过。望气者的住处靠近守城官府。把贤大夫及有专长的技艺者如百工之类的人聚集在一起，按等级安排。举凡屠夫、酿酒人安置在厨房里做事，按等级安排。

【原　文】

凡守城之法，县师受事：出葆、循沟防，筑荐通涂、修城。百官共财，百工即事。司马视城修卒伍。设守门，二人掌右阎，二人掌左阎，四人掌闭，百甲坐之。城上步一甲，一戟，其赞三人。五步有五长，十步有什长，百步有百长。旁有大率，中有大将。皆有司吏卒长。城上当阶，有司守之。移中中处，泽急而奏之。士皆有职。

【译　文】

守城之法，县师担任以下职事：视察堡垒、巡视护城河防务，堵塞敌人通道，维修城墙。所有官吏都要设法供应守卫城池所需钱财，所有手艺工人都要为守卫城池做事。司马根据城防需要安排士兵。安排守门士兵，二人掌管右城门，二人掌管左城门，四人掌管开关城门之责，一百名武装士兵坐守城门。城上每步一名武装士兵，一名持戟士兵，三名士兵为辅佐。每五步有伍长一名，十步有什长一名，百步有佰长一名。（城上四面）每面有大帅一名，城中有大将。吏、卒、长都各有自己的职责。城上正当阶梯处，有专管的人把守。把文书移到适中的地方，选择其中紧急的部分报告给上司。军士都各有职责。

【原文】

城之外，矢之所遝，坏其墙，无以为客菌。三十里之内，薪、蒸、水皆入内[1]。狗、彘、豚、鸡食其宾[2]，敛其骸以为醢，腹病者以起。

【注释】

[1]"水"当作"木"，其上又脱"材"字。
[2]"宾"，肉之异文。

【译文】

城外箭能射到的地方，要把那里的墙摧毁，不要让它们成为敌人的掩蔽物。三十里之内，树木柴草都要运入城内。狗、大小猪、鸡，吃掉肉，把骨骸收集起来做成酱，可以治好腹泻病人。

【原文】

城之内薪蒸庐室，矢之所递，皆为之涂菌。令命昏纬狗纂马，擎纬。静夜闻鼓声而谍[1]，所以阉客之气也，所以固民之意也，故时谍则民不疾矣。

【注释】

[1]"谍"，"噪"之异文。

【译文】

城内的柴草屋，凡（城外）箭能射到的地方，都要涂上一层泥。命令城内人在黄昏后拴好狗，系住马，要拴系牢固。夜静时听到鼓声就一齐呐喊，借以遏制敌人的士气，借以坚定自己民众的意志，所以定时呐喊就会使民众不以为患。

【原文】

祝、史乃告于四望、山川、社稷，先于戎，乃退。公素服誓于太庙，曰："其人为不道，不修义详，唯乃是王[1]，曰：'予必怀亡尔社稷，灭尔百姓。'二参子尚宜自厦[2]，以勤寡人，和心比力兼左右，各死而守。"既誓，公乃退食，舍于中太庙之右，祝、史舍于社。百官具御，乃斗[3]，鼓于门，右置旂，左置旌于隅练名[4]。射参发，告胜，五兵咸备，乃下。出挨[5]，升望我郊。乃命鼓，俄升，役司马射自门右，蓬矢射之，茅参发，弓弩继之；校自门左，先以挥[6]，木石继之。祝、史、宗人告社，覆之以甑[7]。

【注　释】

[1]"乃"当作"力"，"王"当作"正"。
[2]"厦"当作"厉"。
[3]"斗"当作"升"。
[4] 于隅练名，隅，指左右角之旂、旌旗；练，指以练为旂、旌旗的旒；名，即铭，指在旗上书名。
[5] "挨"当作"俟"。
[6] 挥，即"徽"字，是一种驱邪的符。
[7] 覆之以甑，一种镇邪之术，未详。

【译　文】

（交战前）太祝、太史要祭告五岳四镇四渎及辖境内的山川和宗庙社稷，祭毕才退出。诸侯穿白色祭服誓师于太庙，说："敌人所行不合道义，不修仁义祥和，一味依仗武力征伐，声称：'我一定毁坏灭亡你的社稷，消灭你的百姓'。你

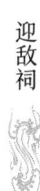

们这些人要昼夜勉力以辅助我，同心协力团结左右部属，誓死守卫！"誓师结束，诸侯退下用餐，住在中太庙右边的房舍中，太祝、太史住在社庙。百官各执其事，升庙，在庙门击鼓，庙门右角安置旂旗，庙门左角安置旌旗，旂、旌均以绢为飘带，把名字写在上面以为铭识。发射三箭，祷告取得胜利，各兵种都准备好了，然后退下。出太庙等候，接着登上太庙门台以观望我方城之四郊。于是命令击鼓，（发令之人）很快又登上门台，役司马从庙门右边射箭，捆扎着蓬茅的箭射向四方，士兵举矛向空中刺三下，接着是弓弩手射箭；校官从庙门左边先是演示驱邪的"挥"术，接着滚木礌石齐下。太祝、太史、宗人一齐向社庙祭告，然后用甀覆盖起来以镇邪。

旗帜 第六十九

【原文】

　　守城之法，木为苍旗，火为赤旗，薪樵为黄旗，石为白旗，水为黑旗，食为菌旗，死士为仓英之旗，竟士为雩旗[1]，多卒为双兔之旗，五尺童子为童旗，女子为梯末之旗[2]，弩为狗旗，戟为雚旗[3]，剑盾为羽旗，车为龙旗，骑为鸟旗。凡所求索旗名不在书者，皆以其形名为旗。城上举旗，备具之官致财物，之足而下旗[4]。

【注释】

[1]"雩"当作"虎"。
[2]"梯末"当作"姊妹"。
[3]"莲"疑即"旌"字。
[4]"之"当作"物"。

【译文】

　　守城（使用旗帜）的方法：需要木料就用青色旗帜为信号，需要火就用赤色旗帜为信号，需要薪草就以黄色旗帜为信号，需要石头就以白色旗帜为信号，需要水就以黑色旗帜为信号，需要食物就以绘有食菌的旗帜为信号，需要敢死之士就以绘有苍鹰的旗帜为信号，需要强劲之士就以虎旗为信号，需要增多士兵就以双兔旗为信号，需要儿童就以童旗为信号，需要女子就以姊妹旗为信号，需要弓弩就以狗旗为信号，需要戟就以旌旗为信号，需要剑盾就以羽旗为信号，需要战车就以龙旗为信号，需要战马就以鸟旗为信号。凡是有所需求而相应的旗名没有成文规定者，都以所需求物的形状名称为旗帜之名。城上举起旗帜，军需官根据旗号供给财物，财物足够了，城上就放下旗帜。

【原 文】

凡守城之法：石有积，樵薪有积，菅茅有积，藿苇有积[1]，木有积，炭有积，沙有积，松柏有积，蓬艾有积，麻脂有积，金铁有积[2]，粟米有积；井灶有处，重质有居[3]；五兵各有旗，节各有辨[4]，法令各有贞[5]，轻重分数各有请，主慎道路者有经[6]。

【注 释】

[1]"藿"当作"萑"。
[2]"铁"当作"钱"。
[3]重质，他国的重要人质。
[4]辨，判也。古时符节，均判为两半，合之以验其真假。
[5]贞，定也。
[6]经，指常巡行的路线。

【译 文】

守城的方法：石头有储积，柴薪有储积，茅草有储积，芦苇有储积，木料有储积，炭有储积，沙有储积，松柏有储积，蓬艾有储积，麻油脂有储积，金钱有储积，粮食有储积；井、灶有一定的地方，（他国）重要的人质有居住之处；各兵种都有自己的旗号，传达军令的符节都有一定的判验标志，法令各有一定之规，轻重等级各按实际情况确定，主持巡查道路的人都有一定的经行路线。

【原　文】

　　亭尉各为帜,竿长二丈五,帛长丈五,广半幅者大[1]。寇傅攻前池外廉[2],城上当队鼓三,举一帜;到水中周[3],鼓四,举二帜;到藩,鼓五,举三帜;到冯垣,鼓六,举四帜;到女垣,鼓七,举五帜;到大城,鼓八,举六帜;乘大城半以上,鼓无休。夜以火,如此数。寇却解,辄部帜如进数[4],而无鼓。

【注　释】

[1]"大"当作"六"。
[2]廉,边也。
[3]水中周,"周"与"洲"通,即水中之陆地。
[4]如进数,指敌人退却时所到位置,城上同样以举旗为标志,其所奉旗数,与敌人进攻所到位置城上所举旗数一样。

【译　文】

　　各亭尉备好旗帜,竿长二丈五尺,帛长一丈五,半幅宽,共六面。敌人攻到城前护城河外边,城上正当敌人进攻处的守军击鼓三下,举一面旗帜;攻到护城河中之洲,击鼓四下,举起两面旗帜；攻到护城河里边藩障处，击鼓五下，举起三面旗帜；攻到城外矮墙，击鼓六下，举起四面旗帜；攻到堞墙，击鼓七下，举起五面旗帜；攻到大城，击鼓八下，举起六面旗帜；爬上大城一半以上，就击鼓不止。夜间就举火把为号，所举火把数与所举旗帜数一样，敌人退却，城围已解，举旗帜之数与敌人进攻时所到位置举起的旗帜数一样，但不击鼓。

【原　文】

城为隆[1]，长五十尺，四面四门将长四十尺，其次三十尺，其次二十五尺，其次二十尺，其次十五尺，高无下四十五尺[2]。

【注　释】

[1]"城为隆"当作"城将为绛帜"，绛，赤红色。
[2]"四"字衍。

【译　文】

城中大将的旗帜是绛色旗，长五十尺，四面四门守将的旗帜长四十尺，其次长三十尺，再次长二十五尺，又其次长二十尺，再下长十五尺，将旗的长度不少于十五尺。

【原文】

城上吏卒置之背[1],卒于头上,城下吏卒置之肩,左军于左肩[2],中军置之胸,各一。鼓,中军一三[3],每鼓三、十击之。诸有鼓之吏,谨以次应之,当应鼓而不应,不当应而应鼓,主者斩。

【注释】

[1]"卒"字衍。下文"城中吏卒民男女,皆荷异衣章微,令男女可知",疑即此段首之脱文,当移正。
[2]"肩"下脱"右军于右肩"五字。
[3]"三"字衍。

【译文】

[城中军吏、士兵、民众、男女都要穿戴不同的服装徽章,使一般男女都晓得。]城上军吏的徽章置于衣背上,士兵的徽章置于头部,城下军吏、士兵的徽章置于肩,左军置于左肩,右军置于右肩,中军置于前胸,每人一枚徽章。鼓,中军一个,每次击鼓三到十下。所有掌击鼓的军吏,要严格按秩序回应中军发出的鼓声,应当击鼓回应而不回应者,或不当击鼓回应而回应者,主持人应被杀头。

【原 文】

道广三十步，于城下夹阶者各二其井，置铁瓘[1]。于道之外为屏，三十步而为之圜，高丈。为民圂，垣高十二尺以上。巷术周道者，必为之门，门二人守之，非有信符，勿行，不从令者斩。

（城中吏卒民男女，皆荇异衣章微[2]，令男女可知[3]。）

【注 释】

[1]"瓘"当作"罐"。
[2]"荇"当作"辨"，"微"当作"徽"。
[3]此段当在上文"城上吏卒置之背"之首，错简在此。

【译 文】

道路宽三十步，在城下正对阶梯的地方各置两口井，每井配置两只铁罐。在道路之外筑屏障，每三十步远，筑一圆圈，高一丈。建造民用厕所，墙高十二尺以上。与环城道路相通的街巷，（入口处）一定要安门，每道门由二人把守，除非有通行证件，不得放人通行，不服从命令者砍头。

【原 文】

诸守牲格者[1]，三出却适，守以令召赐食前，予大旗，署百户芭若他人财物，建旗其署，令皆明白知之，曰某子旗。牲格内广二十五步[2]，外广十步，表以地形为度[3]。

【注释】

[1]"牲"当作"柞"。
[2]"牲"当作"柞"。
[3]"表"当作"衺"。

【译文】

所有守卫柞格的将士，三次出击打退敌人的，守城主将下令召见并在太守堂前赐予食物，授予大旗，赐给食邑百户以及别人的财物，把赐给他们的大旗竖在他们的营署，使大家都清楚地知道他们立了功，都说：这是某人获得的旗帜。柞格内宽二十五步，外宽十步，长度根据地形状况确定。

【原文】

靳卒中教[1]，解前后左右，卒劳者更休之[2]。

【注释】

[1]"靳"当作"勒"，指部勒统领；中教，指符合教令。
[2]更，更换之意。

【译文】

统领士兵要使之合乎教令，明白按教令前进、后退、向左、向右，士兵中有疲劳的，就轮番休息。

号令 第七十

【原文】

安国之道，道任地始，地得其任则功成，地不得其任则劳而无功。人亦如此，备不先具者无以安主，吏卒民多心不一者，皆在其将长。诸行赏罚及有治者，必出于王公。数使人行劳赐守边城关塞、备蛮夷之劳苦者，举其守率之财用有余、不足，地形之当守边者，其器备常多者。边县邑视其树木恶则少用，田不辟，少食，无大屋草盖，少用桑[1]。多财，民好食。

【注释】

[1] 桑，当作"乘"。"少用乘"意即在极贫地区，去视察的人员应当少乘车。

【译文】

安定国家的途径从利用地利开始。地利得到妥善利用就会取得成功，土地得不到妥善利用就会劳而无功。人也是如此，事先没有准备就不能安定主君，官吏、士兵、民众心不齐的，责任都在其主将与官长。各种赏罚及惩治决定，都必定由王公决定。诸侯要不断派人去慰劳赏赐镇守边城、关塞，防备蛮夷侵犯而很劳苦的人，并（由派去的人）回报哪一些守帅的财用有余，哪些不足，哪些地形应建边关派兵保卫，哪些边城兵器储备是经常充足的。如果见到边境地区树木缺少的，就少用木材；土地没有开垦的，就节约粮食；没有大屋只有草舍的地方，就应少乘车。财富富足的地区，民众讲究饮食。

【原文】

为内堞[1]、内行栈，置器备其上，城上吏、卒、养，皆为舍道内，各当其隔部[2]。养什二人[3]。为符者曰养吏一人，辨护诸门[4]。门者及有守禁者皆无令无事者得稽留止其旁，不从令者戮。敌人但至，千丈之城，必郭迎之，主人利。不尽千丈者勿迎也，视敌之居曲，众少而应之，此守城之大体也。其不在此中者，皆心术与人事参之。凡守城者以亟伤敌为上，其延日持久以待救之至，明于守者也[5]。不能此[6]，乃能守城。

【注 释】

[1]"牒"当作"堞"。

[2]各当其隔部,隔部是士兵所守的地段。

[3]养,相当于今之炊事员。

[4]辨护诸门,监护所有门户。

[5]"明"上脱"不"字。

[6]"不"当作"必"。

【译 文】

城内要建造矮墙和行栈,在行栈上放置兵器等战备器材。城墙上的军吏、士兵、炊事人员,都在城内环城道内安排房舍,房舍要正对他们所守之地段。每十个人有两个炊事员。掌管符节凭证的养吏一人,监治各个门户。守门的人以及守城主将(明令)禁止通行的地方,都不要让闲杂人等在旁边停留,不服从此令的就杀掉。每逢敌人到来,城墙周长在千丈以上的大城,主动去城郭外迎敌,这对守城有利。城墙周长不到一千丈的城,不要出城郭迎战敌人,要看敌人部曲多少以采取相应措施,这是守城的大致原则。凡不属于上述情形的,都要参照心术和人事两方面情况处理。凡是守城都是以迅速歼敌为上策,那种拖延时日妄图持久以等待救兵到来的做法,是不懂得守城方法的。一定要做到这些,才能守城。

【原文】

守城之法，敌去邑百里以上。城将如今尽召五官及百长，以富人重室之亲，舍之官府，谨令信人守卫之，谨密为故[1]。

及傅城，守将营无下三百人。四面四门之将，必选择之有功劳之臣及死事之后重者，从卒各百人。门将并守他门，他门之上，必夹为高楼，使善射者居焉。女郭、冯垣一人，一人守之。使重室子……[2]

【注释】

[1] 谨密为故，故，事也，意为以谨密为事。
[2] 此句有脱误，未详。

【译文】

守城的方法，敌人离城百里之外时，守城大将下令召集五种官员、基层军官以及富人、贵家之亲属，让他们住在官府中，郑重命令可靠的部下守卫他们，一定要做到谨慎机密。

等到敌人爬城时，守城大将所在之军营的士兵不要少于三百人。城四面四座城门的守将，一定要选择有战功的臣下或者是战死将士的后代，每人都有随从士兵一百人。每位城门守将同时守卫其他城门时，一定要在其他城门的两边建造高楼，使善于射箭的人住在里面。城上矮墙、冯垣等处都要有一个一个士兵把守。使贵家子……

【原文】

五十步一击。因城中里为八部，部一吏，吏各从四人，以行冲术及里中。里中父老小不举守之事及会计者[1]，分里以为四部，部一长，以苛往来，不以时行、行而有他异者，以得其奸。吏从卒四人以上有分者[2]，大将必与为信符。大将使人行，守操信符，信不合及号不相应者，伯长以上辄止之，以闻大将。当止不止及从吏卒纵之，皆斩。诸有罪自死罪以上，皆逮父母、妻子、同产。

【注释】

[1]"小"字衍，"举"通"与"。
[2]"分"下脱"守"字。

【译文】

五十步远一个隔断。参照城中里巷分为八部，每部一名军吏，每一名军吏有随从士兵四人，在要道和里巷中巡行。里巷中的父老以及不参与守城之事与会计财物管理之事者，每里分为四部，每部设一领头的，严查往来行人中不按规定时间行走或行动有异常之处的人，以便查出奸细。军吏有四名以上随从去执行分守任务者，大将一定要给他符信。大将派人巡行，各处守卫官吏拿出符信与之相验，符信对不上以及口号答不出来的，伯长以上的军吏有权将他们扣押，并报告给大将。应当扣留而不予扣留以及军吏或随从士兵把人放了，都斩首。所有犯死罪以上的，他们的父、母、妻子、儿女及同胞兄弟都要逮捕起来。

【原文】

诸男女有守于城上者[1]，什，六弩、四兵。丁女子、老少，人一矛。

卒有惊事，中军疾击鼓者三，城上道路、里中巷街，皆无得行，行者斩。女子到大军，令行者男子行左，女子行右，无并行，皆就其守，不从令者，斩。离守者三日而一徇，而所以备奸也。里当与皆守宿里门[2]，吏行其部，至里门，当与开门内吏，与行父老之守及穷巷幽闲无人之处。奸民之所谋为外心，罪车裂。壬与父老及吏主部者，不得，皆斩；得之，除，又赏之黄金，人二镒[3]。大将俾使人行守[4]，长夜五循行，短夜三循行。四面之吏亦皆自行其守，如大将之行，不从令者，斩。

【注释】

[1]"女"当作"子"。

[2]"与"下脱"父老"二字。

[3]镒,二十四两。

[4]"使"当作"信"。

【译文】

在城上防守的男子,每十人中六个人持弓箭,四个人用其他兵器。参加防守的成年女子、老人、小孩,每人一支矛。

突然发生紧急之事,中军迅速击鼓三下,城墙上道路、城内里中巷街,都禁止通行,执意要通行的,斩首。女子参与大军守城时,命令凡走路时,男子一律靠左走,女子一律靠右走,不得并排行走,都各自到自己守卫岗位上,不服从命令者,斩首。对擅离职守者,每三天将其游行一次,以此防备那些奸诈之人。里长与里中父老都住在里门,部吏巡查其所分管的区域,到里门时,里正为他们开里门,请他们入内,和他们一起巡行检查里中父老所守之地以及小巷中偏僻无人的地方。奸诈小民谋划通外敌的意图,其罪当车裂处死。里正与父老以及主管这一地区的部吏如果没有抓获通敌之人,一律斩首;如果抓获了通敌之人,免罪,再赏给黄金,每人四十八两。大将派亲信巡查守卫情况,夜长时每夜巡查五次,夜短时每夜巡查三次。守城四面的军吏也都要自行巡查守区,巡查次数同大将派亲信巡查次数一样,不服从命令的,斩首。

【原文】

诸灶必为屏，火突高出屋四尺[1]。慎无敢失火，失火者，斩。其端失火以为事者，车裂。伍人不得，斩；得之，除。救火者无敢讙哗，及离守绝巷救火者，斩[2]。其壵及父老有守此巷中部吏，皆得救之。部吏亟令人谒之大将，大将使信人将左右救之。部吏失不言者，斩。诸女子有死罪及坐失火皆无有所失，逮其以火为乱事如法。

【注释】

[1] 火突，烟囱。
[2] 绝，吴毓江解为"过"。

【译文】

所有炉灶一定要有防火屏障，烟囱高出屋顶四尺。小心谨慎使人不敢失火，失火的人，斩首。故意失火以制造事端的人，车裂处死。在一起的人未能举发者，斩首；能够举发的，免罪。救火的人不准大声喧哗，大声喧哗者以及离开自己守卫岗位越过另一街巷去救火的人，杀头。失火里巷的里正与父老以及守卫此巷中的部吏，都要来救火。部吏应迅速派人禀报大将，大将派亲信带领左右部下去救火。部吏失职没有禀告大将的，斩首。所有犯死罪的女子及犯失火罪而未造成损失的，以及以放火捣乱为目的的人,都要依法惩治。

【原文】

围城之重禁:敌人卒而至[1],严令吏民无敢欢嚣、三最[2]、并行、相视坐泣流涕、若视、举手相探、相指、相呼、相麾、相踵、相投、相击、相靡以身及衣、讼驳言语及非令也而视敌动移者,斩。伍人不得,斩;得之,除。伍人逾城归敌,伍人不得,斩;与伯归敌,队吏斩;与吏归敌,队将斩。归敌者父母、妻子、同产皆车裂。先觉之,除。当术需敌,离地,斩。伍人不得,斩;得之,除。

【注释】

[1]卒,同"猝"。
[2]"最"当作"聚"。

【译文】

被敌人围困时的重要禁令:敌人突然到来,严令官吏民众不得喧哗、不准三人以上聚会、两人以上并行、两人相视对坐哭泣流泪、用眼神示意、打手势探问、互相指责、相互呼骂、相互挥臂斗殴,以脚跟相蹑、举手相击打、以身体及衣服相摩擦、相互辩驳以及没有得到命令而擅自观看敌方的移动情况的，杀头。同一部伍的人不能及时制止并举报的，杀头，能及时举报的，免罪。队伍中有人翻城墙投敌，同一部伍的人不能制止或及时举报的，杀头；伯长投敌的，队吏要被杀头；队吏投敌的，队将要被杀头。投敌者的父母、妻子、儿女及同胞兄弟都处以车裂之刑。先觉察到同伴中有人投敌的，免其罪。临敌畏惧逃离防地的，杀头。同伍的人没有制止和举报的，杀头；及时予以制止和举报的，免罪。

【原文】

其疾斗却敌于术，敌下终不能复上，疾斗者队二人，赐上奉。而胜围，城周里以上，封城将三十里地为关内侯，辅将如令赐上卿，丞及吏比于丞者，赐爵五大夫，官吏、豪杰与计坚守者，十人及城上吏比五官者[1]，皆赐公乘[2]。男子有守者，爵人二级，女子赐钱五千。男女老小先分守者[3]，人赐钱千，复之三岁[4]。（无有所与，不租税。）此所以劝吏民坚守胜围也。

【注释】

[1]"十"当作"士"。
[2]公乘，乘坐公家之车。
[3]"先"当作"无"
[4]复，免除赋役。

【译文】

在敌人主攻线上通过激战打退敌人，敌人败下后不能再攻上来，参加激战的队伍每队选出二人，赐给上等俸禄。如果战胜了敌人解除了包围，所守之城周长在一里以上的，赏守城大将三十里地为关内侯；辅佐大将的副将原同县令一级的赐予上卿爵位；丞、吏以及与丞相同的，赐给五大夫爵；一般官吏、豪杰之士与出谋划策参与坚守的，士人和城上那些相当于五官的官吏，都赐乘坐公家之车。男人参加守城的，赐给爵位二级，女子赐钱五千。男女老少没有固定守卫职位的，每人赐钱一千，免交三年赋税。这样做是为了鼓励军吏民众坚守城池以战胜敌人解除围城。

【原文】

卒侍大门中者，曹无过二人[1]。勇敢为前行，伍坐，令各知其左右前后。擅离署，戮。门尉昼三阅之，莫，鼓击门闭一阅。守时令人参之[2]，上逋者名[3]。铺食皆于署[4]，不得外食。守必谨微察视谒者、执盾、中涓及妇人侍前者志意、颜色、使令、言语之请[5]。及上饮食，必令人尝。皆非请也[6]，击而请故[7]。守有所不说谒者、执盾、中涓及妇人侍前者，守日断之、冲之若缚之，不如令及后缚者，皆断。必时素诫之。诸门下朝夕立若坐，各令以年少长相次,旦夕就位,先佑有功有能,其余皆以次立。五日,官各上喜戏、居处不庄、好侵侮人者一。

【注释】

[1] 曹,与"造"同音,与今班、次义近。
[2] 参,参验也。
[3] 逋者,指擅离岗位之人。
[4] 铺,当作"餔"。餔食,早晚餐。
[5] 谒者,通接宾客的近侍;执盾,亲近的侍卫;中涓,主管通书接待的亲近之臣。
[6] "皆"当作"若"。
[7] "击"当作"系"。

【译文】

　　守卫在城将官府大门中的士兵,每班不超过两人。勇敢的士兵守在前行,五人一队并坐,让每个士兵都知道自己的前后左右是谁。擅离岗位的,予以惩罚。门尉白天三次点名,晚上击鼓关门后点名一次。太守不时派人察验,记下擅离岗位的人的姓名。早晚都在官署中用餐,不得离署到外面吃饭。太守一定要谨慎地暗中观察谒者、执盾、中涓等侍从以及在太守前随侍的妇人的心思、脸色、动作、说话的情形。对端上来的饮食,一定要令人先尝尝。有异常情况,要抓起来盘问。太守对

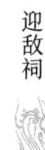

谒者、执盾、中涓等侍从以及随侍在前的妇人不满意，太守就下令判罪、殴打或绑起来，对不执行命令或执行命令迟缓的，都判罪。一定要时时告诫他们。所有在官署前早晚或站或坐值班守卫的，分别令他们以年龄大小为序，早晚到岗就位，领先站上位的是有功及有才能的，其余都依次站立。对那些好玩耍、居处不庄重、好欺侮别人的，每五天官吏要分别上报一次。

【原 文】

诸人士外使者来，必令有以执。将出而还若行县，必使信人先戒舍室，乃出迎，门守乃入舍[1]。为人下者常司上之，随而行，松上不随下。必须口口随。

【注 释】

[1]"门"当作"闻"。

【译 文】

所有人士、外来使节到来，一定要他们呈验所执符节。将官外出如巡行各县回来，一定要派亲信先通知他的家属，家属出来迎接，向守城将领报告后才回到家中。作为别人的下属要常常体察上司，要跟随上司行动，要随从上司而不随从下属。一定要口口随从。

【原文】

客卒守主人，及其为守卫，主人亦守客卒。城中戍卒，其邑或以下寇，谨备之，数录其署，同邑者弗令共所守。与阶门吏为符，符合入，劳；符不合，牧，守言[1]。若城上者，衣服，他不如令者[2]。

【注释】

[1]"牧；守言"当作"收，言守"。
[2]下有脱文，未详。

【译文】

外来士兵为本城人防守以及担任城池守卫任务，本城人也要防备外来士兵。城中担任守卫的士兵，如果他们的故乡城邑已被敌人攻下，一定要谨慎防备他们，要把他们的名字反复记在册，属于同一个城邑的，不要让他们同在一个地方防守。守卫城上正当阶梯处的军吏要检验符节，符节相合才放入，并给予慰劳；符节不合，则将来人收押起来，并向太守报告。

【原文】

宿鼓在守大门中。莫，令骑若使者操节闭城者，皆以执黿[1]。昏鼓，鼓十，诸门亭皆闭之。行者断，必击问行故[2]，乃行其罪。晨见掌文，鼓纵行者，诸城门吏各入请籥，开门已，辄复上籥。有符节不用此令。寇至，楼鼓五，有周鼓，杂小鼓乃应之。小鼓五后从军，断。命必足畏，赏必足利。令必行，令出辄人随，省其可行、不行。号，夕有号，失号，断。为守备程而署之曰某程，置署街街衢阶若门[3]，令往来者皆视而放[4]。诸吏卒民有谋杀伤其将长者，与谋反同罪；有能捕告，赐黄金二十斤，谨罪。非其分职而擅取之，若非其所当治而擅治为之，断。诸吏卒民非其部界而擅入他部界，辄收，以属都司空若侯，侯以闻守；不收而擅纵之，断。能捕得谋反、卖城、逾城敌者一人[5]，以令为除死罪二人，城旦四人[6]。反城事父母去者[7]，去者之父母妻子……

【注释】

[1]黿，当为"龟"之讹。执龟，又当作"执圭"，指具有执圭爵位之人。

[2]"击"当作"系"。

[3]首"街"字当作"术"。置署；公布。

[4]放，仿照。

[5]"敌"上脱"归"字。

[6]城旦，古代刑罚之一种。《史记·集解》："城旦，四

岁刑。"

[7]"事"当作"弃"。

【译 文】

夜晚警戒所用之鼓安置在太守官府的大门内。黄昏时，派骑兵及使者拿着符节传令关闭城门，所派使者应当是具有执圭爵位的人。黄昏时击鼓十响，各城门岗亭都关闭。有通行者，要加以制止，一定要绑起来问明行走的原因，再行定罪。凌晨能看见掌纹的时候，击鼓放人通行，各城门守吏到官府领取钥匙，开门后再交回钥匙。对于持符节的人，可不按照这一禁令行事。敌人攻来，城楼击鼓五响，四周又击鼓，各种小鼓一齐响应。小鼓五响之后才赶来集合的，杀头。命令一定要足以使人畏惧，赏赐一定要使人觉得利益很大。命令一发出就一定要执行，命令一发出就立即派人察视是可行还是不可行。口号，夜晚有口号，口号对不上的，判罪。制定守备章程题以"某某章程"，公布在街道、大路台阶及各门岗处，让往来的人知晓并按照章程行事。所有谋杀伤害其军政长官的官吏、士兵和民众，一律和谋反同罪；能捉到谋杀者或及时报告的人，赏赐黄金二十斤，（对原有罪受刑罚之人）免去刑罚。不是其职权范围内的却擅自索取，或不是其所应当治理的而擅自治理，判罪。所有不是本部范围的军吏、士兵、民众，而擅自进入本部范围的，一律由都司空和侯拘留，侯把此事报告给太守；不予拘留而擅自放走的，判罪。能捉到谋反、出卖本城守卫情况、翻过城墙投敌之人的人，可公开下令给予免除死罪两人次以及城旦罪四人次。翻越城墙抛弃父母而去的，离去者的父母、妻子……

【原文】

悉举民室材木、瓦若蔺石数，署长短小大。当举不举，吏有罪。诸卒民居城上者[1]，各葆其左右，左右有罪而不智也，其次伍有罪。若能身捕罪人若告之吏，皆构之。若非伍而先知他伍之罪，皆倍其构赏。

【注释】

[1]"卒"上脱"吏"字。

【译文】

普遍查报民家的木材、砖瓦以及礌石的数量，登记其长短、大小。当查报而不查报的，官吏有罪。所有在城上居住的官吏、士兵、民众，要与他们的左右邻人联保，左右邻人犯了罪而不知道，他的比邻同伴也有罪。如果能亲自捕捉到罪人或向官吏禀告，都给予赏赐。如果不是那个联保内的成员而先行知道那个联保组有人犯罪而报告的，都加倍给予赏赐。

【原文】

城外令任，城内守任。令、丞、尉亡、得入当，满十人以上，令、丞、尉夺爵各二级；百人以上，令、丞、尉免，以卒戍。诸取当者，必取寇虏，乃听之。

【译文】

城外由县令负责，城内由太守负责。令、丞、尉部下逃亡的人数与所抓得的俘虏人数相当，可以功罪相抵消；逃亡人数满十人以上的，令、丞、尉各被剥夺爵位两级；逃亡人数在百人以上的，令、丞、尉即被免职为士兵，派去防守。所有拿来抵罪的，一定要是抓来的俘虏，才能同意按规定抵罪。

【原文】

募民欲财物粟米以贸易凡器者[1]，卒以贾予[2]。邑人知识、昆弟有罪，虽不在县中而欲为赎，若以粟米、钱金、布帛、他财物免出者，令许之。传言者十步一人，稽留言及乏传者，断。诸可以便事者，亟以疏传言守。吏卒民欲言事者，亟为传言请之吏，稽留不言诸者[3]，断。

【注释】

[1]"以"当在"欲"字下。

[2]"卒以"当作"以平"。

[3]"诸"当作"请"。

【译文】

募集民众的财物、布匹和粮食，民众要求换取各种器物者，应以平价交换。城中人相识的朋友、兄弟有罪，其人虽不在县内而要求赎罪，如果用粮食、金钱、布帛和其他财物来赎免的，法令是许可的。安排传话的人，每十步一人，滞留或不代传话的人，判罪。凡是可以便利办的事，要尽快书面报告给太守。官吏、士兵、民众要求向上司进言的，要尽快由传话人向官吏如实报告，滞留不代为报告者，判罪。

【原文】

县各上其县中豪杰若谋士、居大夫重厚，口数多少。官府城下吏卒民家前后左右相传保火[1]。火发自燔，燔曼延燔人，断。诸以众强凌弱少及强奸人妇女，以谨哗者，皆断[2]。

【注释】

[1]"家"当作"皆"。

[2]原在"符不合，牧，守言"下之"若城上者，衣服，他不如令者"，后依岑仲勉校当移此于"皆断"前。

【译文】

县要上报县里的豪杰、谋士、居家之大夫及品德忠厚之人的人口数目多少。

官府、城下的官吏、士兵、民众之家,都要前后左右联保防火。失火焚烧了自家,或蔓延烧了别人家室,都要判罪。所有以人多势强欺凌弱小人少者以及强奸人家妇女的,以喧哗哄闹的,擅自到城上以及不按命令穿衣服的,都要判罪。

【原文】

诸城门若亭,谨候视往来行者符。符传疑若无符,皆诣县廷言,请问其所使。其有符传者,善舍官府。其有知识、兄弟欲见之,为召,勿令里巷中[1]。三老、守闾令厉缮夫为荅[2]。若他以事者、微者,不得入里中。三老不得入家人[3],传令里中有以羽[4]。羽在三所差[5],家人各令其官中[6]。失令若稽留令者,断。家有守者治食。吏卒民无符节,而擅入里巷官府,吏、三老、守闾者苛止,皆断。

【注释】

[1]"令"下脱"人"字。
[2]缮夫,"缮""膳"同音,疑古时管理炊事之人。

[3] 家人，即"人家"，指庶民之家。
[4] "有"当作"者"。羽，鸟毛也。古称军信为"羽书""羽檄"。
[5] "差"当作"老"，误倒，当在"三"字下。
[6] "官"当作"家"。

【译文】

所有城门以及岗亭都要谨慎地检验来往行人的符节。符节有疑点的以及没有符节的，都要送到县廷问话，盘问他们是谁派来的。对于有符节的，要好好地安排他到官府住下。他们要求会见相识熟人、兄弟，要为他们传唤来，不要让他们进入里巷中。如果他们要求会见三老、守闾等人，可以由三老、守闾嘱托他们的膳夫代为前来应答。如果他们有其他的事要办或要见职位低微之人，都不能进入里巷之中。三老不能进入民众家里，需要传令到里巷中可以用羽书。羽书放在三老处，传给民众的命令送至他们家中。遗失命令，或滞留命令的，判罪。三老家中有守卫人员治理饮食。官吏、士兵、民众没有符节而擅自进入里巷和官府的，官吏、三老、守闾人失职未能喝令制止的，都要判罪。

【原文】

诸盗守器械、财物及相盗者，直一钱以上，皆断。

吏卒民各自大书于傑[1]，著之其署同[2]。守案其署，擅入者，断。城上日壹发席蓐，令相错发，有匿不言人所挟藏在禁中者，断。

【注释】

[1] 傑，通"揭"，如同后世所谓揭贴，是一种公开张贴的告示。
[2] "同"当作"隔"。

【译文】

所有盗窃守城器械、财物以及偷盗私人财物的，值一钱以上的，都要判罪。官吏、士兵、民众各自把姓名写在揭帖上，张帖在自己办事地方的隔头上。太守巡视各办事处，发现有擅自进入他人办事处的，要判罪。城上每天发一次草席铺垫，可以交换。如果有人知道别人私藏禁品而不举报者，判罪。

【原文】

吏卒民死者，辄召其人，与次司空葬之，勿令得坐泣。伤甚者令归治病家善养，予医给药；赐酒日二升、肉二斤；令吏数行闾，视病有瘳，辄造事上。诈为自贼伤以辟事者，族之。事已，守使吏身行死伤家，临户而悲哀之。

【译文】

官吏、士兵、民众中有人死了，立即召见他的家人，与次司空一起把死者埋葬好，不要让他们坐在地上哭泣。伤势重的让他回家治病，好好调养，给予医治和药品；每天赐给两升酒、两斤肉；派官吏常常到伤病者家中，看到病情有好转了，立即让他回岗为上司服役。自己故意弄伤自己欺骗上司以逃避服役的，罪连三族。死者埋葬后，太守派官吏亲自到死伤者家中，表示悲痛和哀悼。

【原文】

寇去事已，塞祷。守以令益邑中豪杰力斗诸有功者，必身行死伤者家以吊哀之，身见死事之后。城围罢，主亟发使者往劳，举有功及死伤者数使爵禄，守身尊宠，明白贵之，令其怨结于敌。

【译文】

敌人撤退，战事结束，举行赛神祭祷。太守下令嘉赏城中豪杰奋力拼斗的所有立功人员，并一定要亲自到死伤者家中慰问和哀悼，亲自接见牺牲之人的遗属。守城解除围困后，守城守将要尽快派使者前往慰劳，对于所有有战功人员以及死伤者要多授予爵位和俸禄，太守亲自前往尊宠他们，明白表示宝贵他们，使他们把仇怨积结到敌人身上。

【原文】

城上卒若吏各保其左右。若欲以城为外谋者，父母、妻子、同产皆断。左右知不捕告，皆与同罪。城下里中家人皆相葆，若城上之数。有能捕告之者，封之以千家之邑；若非其左右及他伍捕告者，封之二千家之邑。

【译文】

城上士兵和官吏各自与左右结成联保。如果有人为城外敌人谋划破城之策，他的父母、妻子、儿女、同胞兄弟姐妹都要杀头。左右邻人知情而不将其捕捉和报告的，都和犯罪之人判同样的罪。城下里巷中住家居民都要结成联保，如同城上的规定一样。有人能够捕捉罪人并向上报告的，封给他一千家的食邑；如果不是罪犯的左右邻居而是其他联保组的人捕捉到罪犯并报告了上司的，封给他二千家的食邑。

【原文】

城禁：使[1]、卒、民不欲寇微职和旌者[2]，断。不从令者，断。非擅出令者[3]，断。失令者，断。倚戟县下城，上下不与众等者，断。无应而妄讙呼者，断。总失者[4]、断。誉客内毁者，断。离署而聚语者，断。闻城鼓声而伍后上署者，断。人自大书版，著之其署隔。守必自谋其先后[5]，非其署而妄入之者，断。离署左右，共入他署，左右不捕；挟私书，行请谒及为行书者[6]；释守事而治私家事；卒民相盗家室、婴儿，皆断无赦。人举而借之。无符节而横行军中者，断。客在城下，因数易其署而无易其养。誉敌：少以为众，乱以为治，敌攻拙以为巧者，断。客、主人无得相与言及相借。客射以书，无得誉[7]，外示内以善，无得应，不从令者，皆断。禁无得举矢书[8]，若以书射寇。犯令者父母、妻子皆断，身枭城上。有能捕告之者，赏之，黄金二十斤。非时而行者，唯守及掺太守之节而使者。

【注　释】

[1]"使"当作"吏"。

[2]"不欲"当作"下效"。

[3]"非擅"当作"擅非"。

[4]"总"当作"纵"。

[5]"谋"当作"课"。

[6]行请谒，私下拜会。行书，替人请托。

[7]"誉"当作"举"。

[8]矢书，将书信附在箭上射向目的地。

【译文】

守城禁令：官吏、士兵、民众仿制敌人的徽章标志和军门之旗的，杀头；不服从命令的，杀头；擅自发出号令的，杀头；失误军令的，杀头；把戰戟斜靠城墙悬身下城的，上城下城（的方式）与众不同的，杀头；不响应号令而任意喧哗呼叫的，杀头；放走罪人及遗失公物的，杀头；赞誉敌人，毁谤我方的，杀头；擅离岗位而聚在一起谈话的，杀头；听到城上鼓声而在应鼓五响以后才到达岗位的，杀头。各人自己把姓名写在木板上，张挂在自己岗位的隔头上。太守一定要亲自查阅他们到岗的先后，不是自己的岗位而擅自进入的，杀头。离开自己的办事地点以及左右助手，或与左右助手共同进入他人的办事地点，左右助手不捕捉他；挟带私人信件，私下拜会以及替人请托的；丢开防守事务而干私人的事；士兵民众偷取他人的妻子、婴儿，一律杀头，不得赦免。被人偷取的妻子经人举报后按法律籍没。没有符节而在军中乱走的，杀头。敌人在城下，因敌情变化可以多次变更防守位置，但炊事员不必变换。凡赞誉敌人，把敌人少说成多，把敌军纪混乱说成治理得好，把敌人进攻战术拙劣说成巧妙的，杀头。对于敌方之人，守方不得和他交谈以及借东西给他。敌人用箭射来的书信，不得拾阅；敌方表现出伪善姿态，不得有响应，不听从这一命令的，都杀头。禁令不准拾阅敌人用箭射来的书信，同样也不准（私自）将书信用箭射给敌人。违犯此禁令之人及其父母、妻子、儿女都杀头，尸体悬挂在城墙上示众。有人能捕获并向上司报告的，赏给黄金二十斤。在禁止通行的时间里行走的，只能是太守以及持有太守符节的公差人员。

【原 文】

守入临城，必谨问父老、吏大夫、请有怨仇仇不相解者[1]，召其入，明白为之解之。守必自异其人而借之[2]，孤之。有以私怨害城若吏事者，父母、妻子皆断。其以城为外谋者，三族[3]。有能得若捕告者，以其所守邑，小大封之，守还授其印，尊宠官之，令吏大夫及卒民皆明知之。豪杰之外多交诸侯者，常请之，令上通知之，善属之；所居之吏上数选具之；令无得擅出入，连质之。术乡长者、父老、豪杰之亲戚父母、妻子，必尊宠之；若贫人食不能自给食者[4]，上食之。及勇士父母、亲戚、妻子，皆时酒肉[5]，必敬之，舍之必近太守。守楼临质宫而善周，必密涂楼，令下无见上，上见下，下无知上有人无人。

【注 释】

[1]"请"当作"诸"。
[2]自异其人，看作与其他人不同。
[3]三族，指父母、妻子、同胞兄弟。

[4]第一个"食"字衍。

[5]"时"当作"赐"。

【译文】

太守入城,一定要详细询问父老、官吏大夫以及所有有宿怨仇恨不能互相化解之人,召见他们,讲清道理为他们化解怨仇。太守一定要把这些人同一般人区别开来并记录在案,使他们不在一起活动。有人以私怨妨害守城以及公事的,其父母、妻子、儿女都杀头。那些为城外敌人谋划如何攻城的,杀三族。有人能得到这种通敌情况并将罪犯捕获或报告上司的,封给他与所参与守卫之城邑一样大小的食邑,太守还授给他官印,给他受人尊宠的官职,并且使官吏大夫以及士兵、民众都清楚地知道这件事。对与他国诸侯结交多的豪杰,要经常会见他们,让上层官吏都知道,好好地照顾他们;他们所居住地方的官吏要常常备好肴馔宴请他们;叫他们不要擅自出入,取其亲属为人质。对乡镇中的长者、父老、豪杰的父母、妻子、儿女,一定要加以尊重爱护;如果是穷人,不能自立维持温饱的人,其所在地的官长要给他们吃的。对于勇士的父母、妻子、儿女,都要不断给他们酒肉,一定要敬重他们,安排给他们的住处一定要靠近太守的官署。太守楼房高临人质所住的房屋,妥善地防卫其四周,楼一定要密密地涂上泥巴,使楼下看不见楼上,楼上可以看见楼下,楼下不知道楼上有没有人。

【原 文】

守之所亲,举吏贞廉、忠信、无害、可任事者,其饮食酒肉勿禁,钱金、布帛、财物各自守之,慎勿相盗。葆宫之墙必三重,墙之垣,守者皆累瓦釜墙上。门有吏,主者门里,筅闭。必须太守之节。葆卫必取戍卒有重厚者。请择吏之忠信者[1],无害可任事者。

【注 释】

[1]"请"当作"谨"。

【译 文】

太守所亲近的人,选用正直廉洁、忠实可信、公平、有任事能力的人为官吏,对他们的饮食酒肉不要加以限制,金钱、布帛、财物各自保管,留心不要被盗。葆宫的围墙一定要三道,围墙的外垣,守卫的人都要把碎瓦破锅嵌置在墙头上。围墙门有官吏管理,主管所有里门,开关门一定要有太守的符节。葆宫的守卫一定要挑选忠厚的卫兵。谨慎地选择忠实可信、公正而有能力任事的官吏。

【原 文】

令将卫,自筑十尺之垣,周还墙门、闺者,非令卫司马门[1]。

【注释】

[1]"非"当作"并"。司马门，古时天子、诸侯之门皆可称司马门，岑仲勉认为凡将官署最内之门皆得称司马门。

【译文】

令、将自行护卫，筑起十尺高的墙，环绕四周，守大门及闺门的人要一并守卫司马门。

【原文】

望气者舍必近太守，巫舍必近公社，必敬神之。巫、祝、史与望气者必以善言告民，以请上报守，守独知其请而已。无与望气妄为不善言惊恐民[1]，断弗赦。

【注释】

[1]"无"当作"巫"，"气"下脱"者"字。

【译文】

望气以卜吉凶的人所住房屋一定要靠近太守，巫师住的房屋一定要靠近神社，一定要像敬神灵一样敬重他们。巫、祝、史与望气之人一定要把吉利的话告诉民众，把占望的真实情况报告给太守，太守一个人知道情况就可以了。巫师与望气之人胡乱说些不吉利的话惊吓了民众，就杀头，不得赦免。

【原文】

度食不足，食民各自占家五种石升数[1]，为期，其在蓴害[2]，吏与杂訾[3]。期尽匿不占，占不悉[4]，令吏卒覆得[5]，皆断。有能捕告，赐什三。收粟米、布帛、钱金，出内畜产，皆为平直其贾，与主券人书之。事已，皆各以其贾倍偿之。又用其贾贵贱、多少赐爵。欲为吏者许之，其不欲为吏，而欲以受赐赏爵禄，若赎出亲戚、所知罪人者，以令许之。其受构赏者令葆宫见，以与其亲。欲以复佐上者，皆倍其爵赏。某县某里某子家食口二人，积粟六百石；某里某子家食口十人，积粟百石。出粟米有期日，过期不出者王公有之，有能得若告之，赏之什三。慎无令民知吾粟米多少。

【注 释】

[1]"食"当作"令"字。占，量力认缴。

[2]"蓴害"当作"薄者"。

[3]吏与杂訾，訾，譠与"赀"同，亦即"资"。吏与杂訾，即"吏与杂资"，即官吏偿以相当之值。

[4]占不悉，认缴不如额。

[5]"敫"亦作"微"。微得：侦得。

【译文】

要估计到粮食不足，让民众各自量力认缴五谷的石、斗数量，确定缴纳期限，登记在簿书上，官吏偿付给相当的钱物。若过期隐藏不认缴，或认缴数未完成，就派官吏士兵侦查，查出来了，都要判罪。有人能捕捉隐藏粮食的人并报告给官府，赏给他所查出粮食的十分之三。征收粮食、布帛、金钱、畜产，都要公平定价，给物主开具征收物价券，上面要书写清楚。守城战事结束后，一律按照物价券上所写的价格加倍偿还。还可以根据价格的贵贱和数量多少赐给官爵。想做官的，可以同意。不想做官而愿意拿它受赐封爵禄的，或愿拿它赎出犯罪的亲戚、相识友人的，按法令可以允许。那些受到赏赐的人，让他们到葆宫受接见，（太守）以此表示与他们亲密。愿意把应得的偿还财物再献给官府的，都加倍赐爵。（民众认缴粮单填写方式:）某县某里某人家中人口两人，储积粟米六百石；某里某人家中人口十人，储积粟米百石。缴纳粟米有一定日期，过期不缴的没收为王公所有；有人能查出隐藏之粮食并报告官府的，赏给他所查出粮食的十分之三。要谨慎小心不要让民众知道我方有多少粮食。

【原 文】

　　守入城，先以候为始[1]，得辄宫养之，勿令知吾守卫之备。候者为异宫，父母妻子皆同其宫，赐衣食酒肉，信吏善待之。候来若复，就闲[2]。守宫三难[3]，外环隅为之楼，内环为楼，楼入葆宫丈五尺为复道。葆不得有室，三日一发席蓐，略视之，布茅宫中，厚三尺以上。发候，必使乡邑忠信、善重士[4]，有亲戚、妻子，厚奉资之。必重发候，为养其亲，若妻子。为异舍，无与员同所，给食之酒肉。遣他候，奉资之如前候，反，相参审，信，厚赐之。候三发三信，重赐之。不欲受赐而欲为吏者，许之二百石之吏，守佩授之印；其不欲为吏而欲受构赏，禄皆如前[5]。有能入深至主国者，问之审信，赏之倍他候。其不欲受赏，而欲为吏者，许之三百石之吏。扞士受赏赐者[6]，守必身自致之其亲之其亲之所[7]，见其见守之任[8]。其欲复以佐上者，其构赏、爵禄、罪人倍之[9]。

【注 释】

[1] 候，侦探。

[2] 闲，当作"问"。

[3] "难"当作"杂"。三杂，即"三匝"，三重围也。

[4]善，岑仲勉以为当作"厚"，今从。

[5]"禄"前脱"爵"字。

[6]扞，捍卫也。扞士，即捍卫城池有功之勇士。

[7]"其亲之"三字衍。

[8]"见"当作"令"。

[9]"罪人"上脱"赎出"二字。

【译文】

太守入城，先从挑选侦探开始，物色到了就把他养在宫中，不要让他知道我方守卫防备情况。侦探人员要分住在不同的宫中，其父母、妻子、儿女和他同住一宫，赐给他们衣食酒肉，派亲信官吏好好对待他们。侦探回来复命，太守要亲往询问实情。太守所住之宫三重围，外围墙四角建楼，内围由楼组成，由内环楼进入葆宫，其间有一丈五长的上下复道。葆宫内不得有内室，三天发一次铺席垫蓐，大略看一看，把茅草铺在宫中，厚三尺以上。派侦探出去，一定要派乡邑中忠实可信、品行厚重之士且有父母、妻子、儿女者，给他带上很多活动经费。一定要反复派遣侦探，供养他们的父母、妻子、儿女。为侦探安排不同的住所，不要与众人同住一所房屋，供给他们食用酒肉。派遣的另一位侦探，给他们的活动经费和前一个侦探相同。侦探回来后，把前后两侦探提供的情报互相验证，确实可信，给予厚赏。对于三次被派出侦查三次提供的情报都确实可信的侦探，要重重赏赐。不愿接受赏赐而愿意做官的，可以许给他二百石的官阶，太守授给他官印；不愿意做官而愿意受赏赐爵禄的，所赐爵禄一律同前面一样。有人能够深入到敌国国都的，经询问后确实可信，给他的赏赐是其他侦探的一倍。不愿意受赏赐而愿意做官的，许给他三百石的官阶。捍卫城池的勇士受到赏赐的，太守一定要亲自把赏赐送到他父母所住的地方，让他们看得见太守对他的信任。对于愿意把赏赐捐献出来以帮助官府的，给予他的奖赏、爵禄以及可赎出的罪人数目加倍。

【原 文】

出候无过十里，居高便所树表，表三人守之，比至城者三表，与城上烽燧相望，昼则举烽，夜则举火。闻寇所从来，审知寇形必攻，论小城不自守通者[1]，尽葆其老弱粟米畜产。遣卒候者无过五十人，客至堞，去之，慎无厌建[2]。候者曹无过三百人，日暮出之，为微职。空队、要塞之人所往来者[3]，令可口迹者[4]，无下里三人。平而迹[5]。各立其表，城上应之。候出越陈表，遮坐郭门之外内[6]，立其表。令卒之半居门内，令其少多无可知也。即有惊，见寇越陈去[7]，城上以麾指之，迹坐击正期[8]，以战备从麾所指。望见寇，举一垂；入竟，举二垂；狎郭，举三垂；入郭，举四垂；狎城，举五垂。夜以火，皆如此。

【注释】

[1] 论，思量。

[2] 厌建，厌，音同"淹"；"建"当作"逮"。"逮"同"怠"。淹怠，即滞留。

[3] "之人"误倒，当作"人之"。空队，即空隧。

[4] "口"当作"以"。

[5] "而"上脱"明"字。

[6] 遮，又作"斥"，与"候"同义，即警戒兵。

[7] "去"当作"表"。

[8] "迹"当作"遮"，"击"下脱"鼓"字。

【译文】

派出的警戒士兵不要超过十里，在地势高而又方便的地方树立标记，派三人看守标记，从最远处到城池之间在三个地方树立标记，与城墙上的烽火相望，白天烧烟，夜间则点火。听说敌寇来的方向，确实知道敌人势在必攻了，考虑到城小不能自力守护交通，就把所有老弱、粮食、畜产护送进城。每次派出的警戒士兵不要超过五十人，敌人攻到城外矮墙时，立即撤回城内，当心不要滞留在城外。警戒兵的总数不超过三百人，黄昏时出城，佩戴徽章标志。行人常常经过的幽径险隘之处，要派人前去查勘敌人的踪迹，每里不少于三人。天一亮就派人去查勘敌人踪迹。每人都树起一个标记报告勘查情况，城上给予反应。警戒兵出城树标记向城内报告情况,城内的警戒兵坐守在郭门内,也树立一标记。让士兵一半在郭门内,(一半在郭门外,)使敌人无法知道人数多少。一旦有警报,见到敌寇越过田野中所树标记而来,城上用旌旗指挥,击鼓、整旗、预备作战,都听从城上旌旗的指挥而行动。看见了敌寇,举一标记;敌人侵入我城辖境,举二标记;敌人逼近外郭,举三标记;敌人进入外郭,举四标记;敌人逼近城墙,举五次标记,夜间则点着烽火,标明敌情的烽火数与白天所举标记数一样。

【原 文】

去郭百步,墙垣、树木小大尽伐除之。外空井,尽窒之,无令可得汲也。外空室尽发之[1],木尽伐之。诸可以攻城者尽内城中,令其人各有以记之。事以,各以其记取之。事为之券[2],书其枚数。当遂材木不能尽内[3],即烧之,无令客得而用之。

【注 释】

[1] "空"当作"宅"。
[2] "事"当作"吏"。
[3] 遂,同术,路也。

【译 文】

离外郭百步远的范围内,墙垣、树木不分大小全部砍伐拆除。城外的人家水井，全部填塞，不要让敌人得以汲水。城外的空屋全部毁废，树木全部砍伐掉。各种可以用来攻城的东西全部搬入城中，让物主各自登记好。战事结束，各人按自己的登记把东西取回。官吏开给他们收据，收据上写明件数。当道的木材不可能完全运进城中的，就烧掉，不能让敌人得到而利用他们。

【原　文】

人自大书板，著之其署忠[1]。有司出其所治，则从淫之法，其罪射。务色谩正[2]，淫嚣不静，当路尼众[3]，舍事后就，逾时不宁[4]，其罪射。欢嚣骇众，其罪杀。非上不谏，次主凶言[5]，其罪杀。无敢有乐器、弊骐军中[6]，有则其罪射。非有司之令，无敢有车驰、人趋，有则其罪射。无敢散牛马军中，有则其罪射。饮食不时，其罪射。无敢歌哭于军中，有则其罪射。令各执罚尽杀，有司见有罪而不诛，同罚，若或逃之，亦杀。凡将率斗其众失法，杀。凡有司不使去卒[7]、吏民闻誓令，代之服罪。凡戮人于市，死上目行[8]。

【注　释】

[1]"忠"当作"中"。
[2]务，当作"矜"。矜色，骄慢矜恃的表情。谩正，欺谩正

派人。

[3] 尼，阻碍也。

[4] 宁，请假。

[5] 次主，当为"恣"，"主"当为"出"；恣出，即任意发表言论。

[6] 弊骐，当为"奕棋"。

[7] "去"当作"士"。

[8] "上目行"当作"三日徇"，"徇"即"徇"。

【译 文】

各人自己把姓名写在木板上，张贴在自己办事的地方。官府公布出惩罚条例，凡是放纵淫乱的，其罪当以箭穿耳。以骄慢的脸色欺侮正派人，乱喊乱叫不安静，在道路中阻碍众行人，放弃公事总是迟到，过时不来又不请假，其罪当以箭穿耳。叫闹喧哗惊骇民众，其罪当杀头。背后非议上司却不当面进谏，任意散布不利的言论，其罪当杀头。军队中不准演奏乐器和下棋，有敢违令的，其罪当以箭穿耳。不是上司的命令，不准驾车奔驰、徒步奔跑，有敢违令的，其罪当以箭穿耳。不准在军中散放牛马，有敢违令的，其罪当以箭穿耳。不按时吃饭的，其罪当以箭穿耳。不准在军中唱歌或哭叫，有敢违令的，其罪当以箭穿耳。命令各部门执行惩罚条例，该杀的全都杀掉。有关官吏见到违令犯罪而不给予诛罚的，与犯罪之人同样受处罚。如果犯罪之人逃跑了，也要杀掉责任人。凡是不能使士兵如法作战的将帅,杀头。凡是官吏没有使士兵、官吏、民众知晓各项禁令的,(如有人违令犯罪)由官吏代为服罪。凡当街处决罪人,行刑后要陈尸三天。

【原　文】

谒者侍令门外,为二曹,夹门坐,铺食更[1],无空,门下谒者一长[2],守数令人中,视其亡者,以督门尉与其官长,及亡者入中报。四人夹令门内坐,二人夹散门外坐。客见,持兵立前。铺食更[3],上侍者名。

【注　释】

[1]"铺"当作"餔"。
[2]"长"下脱"者"字。
[3]"铺"当作"餔"。

【译　文】

卫兵在太守府门外侍候,分为两队,夹门而坐,早晚餐时换班,不能空缺无人。门卫近侍中有一头领,太守经常让他进来报告,查视有无逃亡者,以此督促门尉及其官长并及时报告逃亡的情况。四人在太守官府门内夹门而坐,二人在散门外夹门而坐。来客求见,卫兵持武器上前。早晚餐换班,要向上司报告侍卫兵的姓名。

【原 文】

　　守室下高楼候者[1]，望见乘车若骑卒道外来者，乃城中非常者，辄言之守。守以须城上候城门及邑吏来告其事者以验之[2]，楼下人受候者言，以报守。

【注 释】

[1]"室"当作"堂"。
[2]须，待也。

【译 文】

　　太守堂下高楼中的警戒兵，望见有乘车者以及骑兵从道外到来，以及看到城中有异常情况者，立即报告给太守。太守等候城上警戒兵、城门和县邑官吏来报告事态以互相参验，高楼下的人听到楼上警戒兵的话，即以报告太守。

【原 文】

　　中涓二人，夹散门内坐，门常闭，铺食更[1]。中涓一长者。

　　环守宫之术衢，置屯道，各垣其两旁，高丈，为堞院[2]，立初鸡足置[3]夹挟视葆食[4]。而札书得必谨案视参食者，节不法[5]，正请之[6]。屯陈、垣外术衢街皆楼[7]，高临里中。楼一鼓，聋灶。即有物故，鼓，吏至而止。夜以火指鼓所。

城下五十步一厕，厕与上同圂。请有罪过而可无断者[8]，令杼厕利之[9]。

【注释】

[1]"铺"当作"舖"。

[2]埤堄，指墙上可用来窥视敌方之处。

[3]"初"当作"勿"。

[4]夹挟视，"挟"字衍。"夹视"即监视。

[5]"节"当作"即"，倘若的意思。

[6]"正请"当作"止诘"。

[7]"楼"上脱"为"字。

[8]"请"当作"诸"。

[9]"杼"当作"抒"，"利"当作"罚"。

【译文】

负责传话的侍从中涓二人，夹散门内两侧而坐，散门常常关闭着，早晚餐换班。中涓二人中有一位为首领。

环绕太守宫室的大街要修起夹道，夹道两旁砌墙，墙高一丈，墙上留出观察处，不要像立鸡脚架一样不稳，以便监视葆舍。接到信件文书一定要谨慎地与其他材料相参验，倘若有不合之处，当改正或加以质问。夹道及垣墙外大路、街道都建造高楼，居高临下在里巷之中。楼上击鼓一响，即预备苕灶。有事就击鼓，待官吏来到，即停止击鼓。夜晚用火光指示白天由鼓声所指示的事故所在。

城下每隔五十步建一厕所，城上与城下厕所同一个粪坑。所有犯有罪过而不能依法判罪的，命令他们打扫厕所以示惩罚。

杂守第七十一

【原文】

禽子问曰："客众而勇，轻意见威，以骇主人；薪土俱上，以为羊坽[1]，积土为高，以临民[2]，蒙橹俱前，遂属之城，兵弩俱上，为之奈何？"

【注释】

[1]"坽"，茅坤本作"坽"是，下同。
[2]"民"上脱"吾"字。

【译文】

禽子问道："敌人众多而又勇猛，轻视守方以显示其威风，企图以此使守方惊骇。他们调集木材土石，筑成羊坽，把土石堆积成高台以俯临城内民众，又用大盾牌为掩护一齐向前攻打，终于接近城上，各种兵器和弓箭一齐用上，（守方）该怎么对付呢？"

【原文】

子墨子曰："子问羊坽之守邪？羊坽者，攻之拙者也，足以劳卒，不足以害城。羊坽之政[1]，远攻则远害，近城则近害[2]，不至城[3]。矢石无休，左右趣射，兰为柱后[4]，望以固[5]。厉吾锐卒，慎无使顾。守者重下，攻者轻去。养勇高夺，民心百倍，多执数少[6]，卒乃不怠。

【注释】

[1] "政"当作"攻"。
[2] "城"当作"攻"，两"害"字并当作"圉"，同"御"。
[3] "不"上脱"害"字。
[4] "兰"当作"蔺"。蔺石，大石。柱后，意为后盾。
[5] "望"上脱一字。
[6] 多执，多捉拿敌人。"少"当作"赏"。

【译文】

墨子回答道："您问的是对付敌人以羊坽攻城的守御办法

吗？用"羊坽"攻城是进攻战术中的笨拙的一种，足以使攻方士兵劳累不堪，而不足以危害守城。敌人远攻，就用对付远攻的办法抵御它，敌人近攻，就用对付近攻的办法抵御它，不至于对守城造成危害。箭和石不停歇地发射，箭与碎石从左右两边急速发射，接着就发放大礧石，口望以固。要激励我方精锐士兵，小心不要使他们产生顾虑。守城一方因重视敌人而能取得守城胜利，攻者一方因为轻敌而败去。要培养士兵的勇气和高昂的奋战精神，民众的士气也百倍高涨，多捉拿敌人的就不断赏赐，士兵就不会懈怠。

【原文】

"作士不休[1]，不能禁御，遂属之城，以御云梯之法应之。凡待烟、冲、云梯、临之法[2]，必应城以御之[3]，曰不足，则以木椁之。左百步，右百步。繁下矢、石、沙、炭以雨之[4]，薪火、水汤以济之。选厉锐卒，慎无使顾，审赏行罚，以静为故，从之以急，无使生虑，恚憼高愤[5]，民心百倍，多执数赏，卒乃不怠。冲、临、梯皆以冲冲之。

【注释】

[1] "士"当作"土"。
[2] "烟"当作"埋"。

［3］"应"当作"广"。广城：增宽城墙，亦即筑台城。

［4］"炭"当作"灰"。

［5］"恚"当作"恙"，"瘾"当作"恳"。

【译文】

"敌人不停地积土为高台，我方不能禁止也不能抵抗，终于（敌兵）接近我方城上，我方就用防御云梯的方法来对付它。凡是用来对付敌人填塞我方护城河、冲车、云梯、建造高台以攻城的办法，都必须增高增宽城墙即筑台城以防御。如果城墙过薄不足以抵御敌人冲击，则以木樟加固。木樟左边宽百步，右边宽百步。频繁地向城下发射弓箭、石头、沙、灰，使之像下雨一样，再助之以薪火、开水。挑选、激励精锐士兵，小心不要使他们产生顾虑，要赏罚分明，要以守静为本，但处理事情又要当机立断。不要使人产生疑虑。要培养士兵的勇气和高昂的奋战精神，民众的士气也应使之百倍高涨，多捉拿敌人的就不断赏赐，士兵就不会懈怠。对于攻城的冲车、筑高台临城、云梯都可以用冲机去冲撞。

【原文】

"渠长丈五尺，其埋者三尺，矢长丈二尺[1]。渠广丈六尺，其弟丈二尺[2]，渠之垂者四尺。树渠无傅叶五寸[3]。梯渠十丈一梯。渠苔大数，里二百五十八[4]，渠苔百二十九。

【注释】

[1]"矢"当作"夫"。
[2]"弟"当作"梯"。
[3]"叶"当作"堞"。
[4]"八"下脱"步"字。

【译文】

"渠长一丈五尺，埋在地下的部分长三尺，上端长一丈二尺。渠宽一丈六尺，梯长一丈二尺，渠的下垂部分长四尺，竖立渠时不要靠在堞墙上，要离开五寸。有梯的渠十丈远一具。渠和苔的大致数是每里中有二百五十八步处设渠和苔，共设渠和苔一百二十九具。

【原文】

"诸外道可要塞以难寇[1]，其甚害者为筑三亭，亭三隅，织女之[2]，令能相救。诸距阜[3]、山林、沟渎、丘陵、阡陌、郭门若闾术[4]，可要塞及为微职，可以迹知往来者少多及所伏藏之处。

【注释】

[1]难，阻也。

[2]织女之,三个亭排列成三角形,如织女三星之排列。

[3]距,同"钜",大也。距阜,即大土山。

[4]阎术,阎,里中门,"术"同"遂",街道也。

【译文】

"所有城外道路可以作为要塞以遏制敌人的,在那些最要害的地方要筑起三个了望亭,三亭成三角之势,如同织女三星的布局,使它们能互相救援。所有大土山、山林、沟渠、丘陵、田间道路、城墙的郭门以及里门街道,可以筑要塞之处,做好标志,可以探知敌人往来的人有多少以及他们埋伏隐藏的地方。

【原文】

"葆民,先举城中官府、民宅、室署,大小调处。葆者或欲从兄弟、知识者,许之。外宅粟米、畜产、财物诸可以佐城者,送入城中,事即急,则使积门内。民献粟米、布帛、金钱、牛马畜产,皆为置平贾,与主券书之。

【译文】

"对于从城外进入城中入葆的民众,先取用城中官府、民房、室署,按其大小合理调配以安排他们。入葆者愿意随

(城内)兄弟、相知朋友住在一起的,可以允许。城外房屋粮食、牲畜、财物,所有可以帮助守城的,都运送进城,情况紧急时,就堆积在城门内。民众贡献粮食、布匹、金钱、牛马牲畜的,都要公平计价,给予物主收据并写明物品价值。

【原 文】

"使人各得其所长,天下事当;钧其分职,天下事得;皆其所喜,天下事备;强弱有数,天下事具矣。

【译 文】

"使人人都能发挥其特长,天下的事情就能办得恰当;使人人的职责均衡,天下的事情就能办成;使人人所从事的工作都是自己喜爱的,天下的事情就会准备好了;使人人都强弱有定数,则天下的事就都完备无遗了。

【原 文】

"筑邮亭者圜之,高三丈以上,令侍杀[1]。为辟梯,梯两臂长三尺,连门三尺[2],报以绳连之。椠再杂为县梁[3],聋灶[4],亭一鼓。寇烽、惊烽、乱烽,传火以次应之,至主国止。其事急者,引而上下之。烽火以举,辄五鼓传,又以火属之[5],言寇所从来者少多,且夆还[6]。去来属次烽勿罢。望见寇，举一烽；入境，举二烽；射妻，举三烽一蓝；郭会，举四烽二蓝；城会，举五烽五蓝。夜以火，如此数。守烽者事急。

【注释】

[1]"侍"当作"倚"。
[2]"门"当作"板"。连板三尺，指梯子级板间距。
[3]"絫"当作"垄"。
[4]"聋"当作"垄"。
[5]属，继也。
[6]"旦"当作"毋"，"还"当作"逮"。

【译文】

"把邮亭修筑成圆形的，亭高三丈以上，（下广上狭）成斜尖形。（亭边）安置双臂梯子，梯子的两臂长三丈，梯板之间间隔为三尺，用绳子把梯板与梯臂捆扎起来。（城外）濠沟修成两圈，两圈之间架起悬梁。安置苔灶，每亭置一鼓。敌人进攻时燃烧的烽火、报警的烽火、混战时的烽火，传递这些烽火应当依次安排，直到传到国都为止。事情紧急时，要牵引烽火使之一上一下。烽火已经燃烧，立即以击鼓五响传报，接着又燃烧烽火报告敌寇攻来的方向以及人数多少，切不可淹滞。（敌人）或去或来，烽火不能熄灭。刚刚能够望到敌寇出现，烧一堆烽烟；敌人已入境内，燃烧两堆烽烟；敌人射箭已可达到外郭时，燃烧三堆烽烟及一只大篅；敌寇攻至外郭会合，烧四堆烽烟及两只大篅；敌寇攻到城墙下会合，烧五堆烽烟及五只大篅。夜间用烽火（代替烽烟），烽火数同烽烟数一样。（看守烽烟烽火的事情紧急。……）

【原文】

"候无过五十，寇至叶[1]，随去之，唯弇逮[2]；日暮出之，令皆为微职。距阜、山林，皆令可以迹，平明而迹，无迹[3]，各立其表，下城之应[4]。候出置田表，斥坐郭内外立旗帜，卒半在内，令多少无可知。即有惊[5]，举孔表[6]。见寇，举牧表[7]。城上以麾指之，斥步鼓整旗[8]，旗以备战从麾所指[9]。田者男子以战备从斥，女子亟走入。即见放[10]，到传到城止[11]。守表者三人，更立捶表而望。守数令骑若吏行旁视，有以知为所为[12]。其曹一鼓，望见寇，鼓传到城止。

【注释】

[1]"叶"当作"堞"。

[2]"唯"当作"无"。

[3]"无迹"误，当作"迹者无下里三人"。

[4]"下城之应"当作"城上应之"。

[5]惊，同"警"。

[6]"孔"当作"外"。

[7]"牧"当作"次"。

[8]斥步鼓,步、桴音近,桴是击鼓杖,引申为击鼓。

[9]"旗"字衍,"备战"当作"战备"。

[10]"放"当作"寇"。

[11]首"到"字当作"鼓"。

[12]上"为"字当作"其"。

【译文】

"派出的警戒兵不要超过五十人,敌寇攻到堞墙,就赶紧离开敌人入城,不要滞留;到天黑时再出城,让他们都佩戴徽章标志。大土山、山林,都是可以查看敌人踪迹的地方,天刚亮就要去查看敌人踪迹,去查看的人每里不少于三人,各自树立标记,城上看到他们树立的标记后做出反应。警戒兵出城郭外树立田表,城内警戒兵坐在郭门内外,竖立旗帜,士兵一半在郭门内,使敌方无法知道警戒兵有多少。一旦有警情,就举起城外所立之标记。看见了敌寇,就举起第二个标记。城上用旗指挥,警戒兵击鼓整旗,听从城上旗号指挥准备作战。在城外田野中耕作的男子跟随警戒兵御敌,女子则赶紧入城。一见到敌寇就击鼓,使传到城上为止。守卫标记的三个人,另外还要树立垂表以观望其他地方。太守要不断派骑兵和官吏巡行视察四周,借此得以知道各处所作所为。守标记的警戒兵每班有一鼓,望见敌寇就击鼓,一直传到城上为止。

【原文】

"斗食，终岁三十六石；参食[1]，终岁二十四石；四食，终岁十八石；五食，终岁十四石四斗；六食，终岁十二石。斗食食五升，参食食参升小半。四食食二升半，五食食二升，六食食一升大半，日再食[2]。救死之时，日二升者二十日，日三升者三十日，日四升者四十日，如是，而民免于九十日之约矣。

【注释】

[1] 参食，把一斗三分，每天食用其中两份。以下四食、五食、六食均仿此。
[2] 日再食，一天两餐。

【译文】

"每天吃一斗粮食，全年吃三十六石；每天吃三分之二斗粮食，全年吃粮二十四石；每天吃四分之二斗粮食，全年吃粮十八石；每天吃五分之二斗粮食，全年吃粮十四石四斗；每天吃六分之二斗粮食，全年吃粮十二石。每天吃一斗粮食则每餐吃五升；每天吃三分之二斗粮食，则每餐吃三升又一小半升；每天吃四分之二斗粮食，则每餐吃二升半；每天吃五分之二斗粮食，则每餐吃二升；每天吃六分之二斗粮食，则每餐吃粮一升又大半升,每天都是吃两餐。在救亡时期,每人每天吃粮二升要坚持二十天,每人每天吃粮三升要坚持三十天,每人每天吃粮四升要坚持四十天,照这样实行,民众就可以度过九十天的危难而免于饿死。

【原文】

"寇近,亟收诸杂乡金器[1],若铜铁及他可以左守事者。先举县官室居、官府不急者,材之大小长短及凡数,即急先发[2]。寇薄,发屋,伐木,虽有请谒,勿听。入柴,勿积鱼鳞簪[3],当队[4],令易取也。材木不能尽入者,燔之,无令寇得用之。积木,各以长短、大小、恶美形相从。城四面外各积其内,诸木大者皆以为关鼻[5],乃积聚之。

【注释】

[1]"杂"当作"离"。离乡,偏远乡村。
[2]发,征发。
[3]簪,与"参"音近通假,参,即参错。
[4]当队,当路的意思,引申为正当通道处。
[5]关鼻,木材为转运方便起见,常于材端穿一孔以便击缚,关鼻或即指此。(岑仲勉说)。

【译文】

"敌寇接近我城,火速收集各偏远乡村铜铁一类的金属器具以及其他可以帮助守城战事之用的物品。先调查登记县中官吏家中、官府中不急用的物品,木材大小长短及大约总数,赶紧先行征用。敌人迫近,就摧毁房屋,砍伐树木,即使有人求情,也不要听。运进城的柴草,不要像鱼鳞一样参错堆放,应堆放在正当通道处,以便容易取用。材木不能完全运进城内的,就烧掉,不要让敌寇得以利用。堆积木材,分别按长短、大小、好坏分别堆放。从城外四面运入的物品分别堆积在城内四面,所有大木头都要凿孔(系组),使之积聚到一起。

【原 文】

"城守司马以上,父母、昆弟、妻子,有质在主所,乃可以坚守。署都司空,大城四人,候二人。县候面一,亭尉、次司空、亭一人。吏侍守所者财足,廉信,父母、昆弟、妻子有在葆宫中者,乃得为侍吏。诸吏必有质,乃得任事。守大门者二人,夹门而立,令行者趣其外。各四戟,夹门立,而其人坐其下。吏日五阅之,上逋者名。

【译 文】

"守城官吏职务在司马以上的,其父母、兄弟、妻子、儿女中，需有人质在主帅府，这样才可以坚守。设置都司空一职，大城需四人；候二人。县候，城每面一人；亭尉、次司空，每亭一人。在太守府中侍奉的官吏，应当是有足够的才能、廉洁忠信、父母兄弟妻子儿女有在葆宫中的人，才能担任侍吏。所有的官吏都必需有人质，才能委任事务。守卫大门的士兵二人，夹门站立，命令行人快步离开门外。每门四支戟，夹门竖立，士兵坐在戟下。官吏每天检查五次，向上司报告逃离卫兵的姓名。

【原文】

"池外廉有要有害，必为疑人，令往来行夜者射之，谋其疏者[1]。墙外水中为竹箭，箭尺广二步，箭下于水五寸，杂长短，前外廉三行，外外乡，内亦内乡。三十步一弩庐，庐广十尺，袤丈二尺。

"队有急，极发其近者往佐，其次袭其处[2]。

"守节：出入使，主节必疏书，署其情，令若其事，而须其还报以剑验之[3]。节出，使所出门者，辄言节出时掺者名。

"百步一队。

"阁通守舍，相错穿室。治复道，为筑墉，墉善其上。

【注释】

［1］"谋"当作"诛"。

［2］袭，继也，引申为接守。

［3］"剑"当作"参"。

【译文】

"濠池之外边有要害处，如确信有可疑之人，命令往来巡夜的士兵射箭，杀掉疏忽的士兵。城墙濠池水中插竹箭，插竹箭的范围宽两步，箭头低于水面五寸，长短错杂，前头外边分三行排插，外边一行箭尖向外，里边一行箭尖向内。三十步远置一座箭屋，屋宽十尺，长一丈二尺。

"某队战况紧急，就立即派附近的军队前往支援，又让次近的部队去接守（增援）部队的防地。

"太守的符节：出入守城的使者一定要让掌管符节的官吏书写记录，记录情况要和所办之事相符合，以便待其回来报告时互相参验。持符节出发：使者出发所经过之门，（守门者）立即报告持符节使者出城的时间和持符节人的姓名。

"每隔百步有一队士兵守卫。

"边门住户与太守住屋相通，边门互相穿错。建造复道，筑墙，墙上安插好（破瓦碎锅片）。

【原 文】

"取疏[1]，令民家有三年畜蔬食，以备湛旱[2]、岁不为。常令边县豫种畜芫[3]、芸[4]、乌喙[5]、袾叶[6]。外宅沟井窴可塞[7]，不可，置此其中。安则示以危，危示以安。

【注 释】

[1] 疏，即蔬。
[2] 湛，久雨曰湛。岁不为，五谷不成曰不为。
[3] 芫，鱼毒。完华，即芫之花。
[4] "芸"当作"芒"。芒草，一作"莽草"，可以毒鱼。
[5] 乌喙，一名乌头，有毒。
[6] "袾"当作"椒"。椒叶有毒。
[7] "窴"同"填"，"窴可"当作"可窴"。

【译 文】

"贮存蔬菜：使民众每家储备够三年食用的蔬菜粮食，以防备水旱灾和年成不好。常常使边远的各县预种芫华、莽草、乌喙、椒叶。城外住宅的水沟、水井可以填塞的就填塞，不能填塞的，就把这些毒物投放其中。安全的时候要向民众说明危险的存在，在危险的时候，要向民众显示有安全的保障。

【原 文】

"寇至，诸门户令皆凿而类窍之[1]，各为二类，一凿而属绳，绳长四尺，大如指。寇至，先杀牛、羊、鸡、狗、乌[2]、雁，收其皮革、筋、角、脂、䐉[3]、羽。毚皆剥之。吏樿桐卣[4]，为铁錍[5]，厚简为衡枉[6]。事急，卒不可远，令掘外宅林。谋多少[7]，若治城口。为击，三隅之。重五斤已上诸林木[8]，渥水中，无过一茷[9]。涂茅屋若积薪者，厚五寸已上。吏各举其步界中财物可以左守备者上。

【注 释】

[1] 类窍，犹言穿孔。
[2] "乌"当作"凫"，鸭也。
[3] "䐉"即"剒"字，"𦣝"之讹，即"脑"字。
[4] "吏"当作"使"，"樿"当作"樻"，"卣"当作"粟"。
[5] 錍，一说是箭镞，一说是斧，未详。
[6] "枉"当作"柱"。
[7] "谋"当作"课"。
[8] "林"当作"材"。
[9] 茷，又作"栰"，编竹木而成，大者曰栰，小者曰桴。栰即今之排。

【译 文】

"敌寇到来,命令在所有的门户上凿孔,各为二孔,一个孔中穿绳子,绳长四尺,如指头一样粗。敌寇到来,先杀牛、羊、鸡、狗、鸭、鹅,收集它们的皮革、筋、角、油脂、脑、羽毛。猪要剥皮。用榓木、桐木、栗木制造铁锌,选用厚实的做横柱。事情紧急,仓促之间不能到远地取木材,就让士兵挖掘外宅林木。征收多少,以整治城墙需要为准。制备击,成三角形安置。重五斤以上的材木浸入水中,数量不要超过一排。在茅屋顶和柴堆上涂泥,厚五寸以上。官吏要调查自己所管辖部界内的可以用来帮助守御的财物,并报告给上司。

【原 文】

"有谗人,有利人,有恶人,有善人,有长人,有谋士,有勇士,有巧士,有使士[1],有内人者,外人者,有善人者,有善门人者[2],守必察其所以然者,应名乃内之[3]。民相恶,若议吏,吏所解,皆札书藏之,以须告之至以参验之[4]睨者小五尺,不可卒者,为署吏,令给事官府若舍。

【注 释】

[1] 使士,吴汝纶曰:"当作死士。"

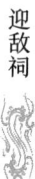

[2] 善门,当作"善斗"。

[3] 应名,指名实相应。

[4] "告"下脱"者"字。

【译 文】

"有谍人,有利人,有恶人,有善人,有长人,有谋士,有勇士,有巧士,有使士,有能容纳人的人,有排斥人的人,有善于待人的人,有善于斗人的人,太寺一定要考察他们之所以具有上述名号的原因,名实相符的才予以接纳。民众相互仇视以及非议官吏的讼词,官吏自己所做的辩解,都书写下来并收藏好,待控告人到来时用作参验。身材不到五尺高不能当兵的少年,就在官府中当差,让他们在官府和官员住宅做事。

【原 文】

"蔺石、厉矢、诸材器用,皆谨部,各有积分数。为解车以枱[1],城矣以轺车[2]。轮轱广十尺,辕长丈,为三幅[3],广六尺。为板箱,长与辕等,高四尺,善盖上治中,令可载矢。"

【注 释】

[1] 解,当作"轺"。

[2] 城矣,当作"盛矢"。

[3] 三幅,当作"四轮"。

【译文】

"礌石,锋利的箭,各种器材、器具,都要谨慎部署好,分别有堆积的数目。用枂木制造轺车,装箭就用轺车。轮毂宽十尺,车辕长一丈,做四个轮子,轮高六尺。制造车箱,其长度与车辕一样,高四尺,妥善地加上车箱盖子,箱内整治好,使它可以装载箭。"

【原文】

子墨子曰:"凡不守者有五,城大人少,一不守也;城小人众,二不守也;人众食寡,三不守也;市去城远,四不守也;畜积在外,富人在虚,五守也。率万家而城方三里。"

【译文】

墨子说:"有五种城不宜防守:城池大而守城人少,这是第一种不宜防守的城池;城池小而城中人太多,这是第二种不宜防守的城池;人多而粮食少,这是第三种不宜防守的城池;集市离城太远,这是第四种不宜防守的城池;储积的财物在城外,富人住在村墟,这是第五种不宜防守的城池。大约万户人家而城面积三平方里(则宜于防守)。